9/15

YOU CHOOSE BOOKS™

BUILDING THE
Empire State
BUILDING

An Interactive Engineering Adventure

by Allison Lassieur

Consultant:
Karen C. Chou, PhD., P.E., F.ASCE
Clinical Professor, Department of Civil & Environmental Engineering
Northwestern University

CAPSTONE PRESS
a capstone imprint

You Choose Books are published by Capstone Press,
1710 Roe Crest Drive, North Mankato, Minnesota 56003
www.capstonepub.com

Library of Congress Cataloging-in-Publication Data
Lassieur, Allison, author.
  Building the Empire State Building : an interactive engineering adventure / by Allison Lassieur.
    pages cm.—(You choose. Engineering marvels)
    Summary: "Explores various perspectives on the process of building the Empire State Building.
The reader's choices reveal the historical details"—Provided by publisher.
  Includes bibliographical references and index.
  ISBN 978-1-4914-0400-3 (library binding)
  ISBN 978-1-4914-0405-8 (paperback)
  ISBN 978-1-4914-0409-6 (ebook PDF)
1. Empire State Building (New York, N.Y.)—Design and construction—History—Juvenile
literature. 2. Building, Iron and steel—History—Juvenile literature. 3. Architecture—New York
(State)—New York—Juvenile literature. 4. New York (N.Y.)—History—1898-1951—Juvenile
literature. I. Title.
 TH149.L37 2015
 974.7'1—dc23   2013047697

Editorial Credits
Adrian Vigliano, editor; Veronica Scott, designer; Wanda Winch, media researcher; Laura Manthe,
production specialist

Photo Credits
BlueprintPlace, 33; Corbis, 41, Bettmann, 10, 42, 66, 75, 82, 85, 87, 96, 105, Underwood &
Underwood, 12, 20; Getty Images Inc: Archive Photos/Lionel Green, 99, George Eastman House/
Lewis W. Hine, 49, 54, 59, 62, 65, 76, Hulton Archive/FPG, 70, Keystone-France/Gamma-
Keystone, 16, The New York Historical Society/Frank M. Ingalls, 25, Transcendental Graphics,
100; Library of Congress: Prints and Photographs Division, cover, 6; Shutterstock: alekup, grunge
blueprint design, iofoto, cover (inset), Sociologas, graph paper design

Printed in Canada.
032014   008086FRF14

TABLE OF CONTENTS

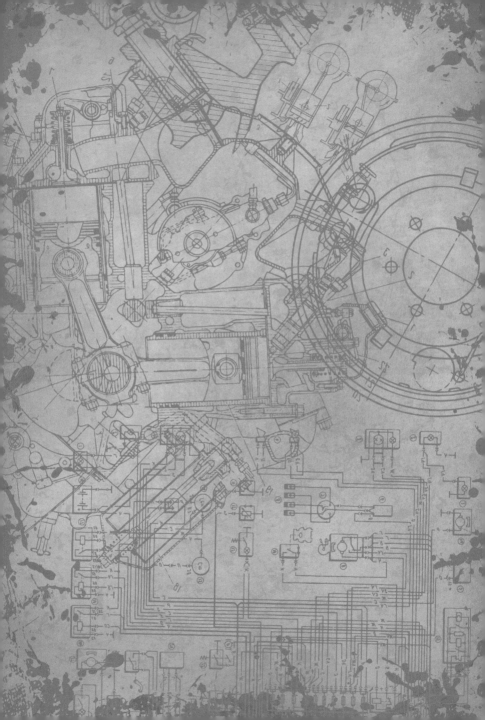

About Your Adventure

The Empire State Building was the tallest building in the world when it was completed. It remains one of the most famous structures in the United States. Built during the hard times of the Great Depression, it became a symbol of hope for the country.

In this book you'll explore how the choices people made meant the difference between success and failure. The events you'll experience happened to real people.

Chapter One sets the scene. Then you choose which path to read. Follow the directions at the bottom of each page. The choices you make will change your outcome. After you finish one path, go back and read the others for new perspectives and more adventures.

YOU CHOOSE the path
you take through history.

Standing at 1,250 feet, the Empire State Building became the tallest skyscraper in the world in 1931. Its design is said to have been largely based on the shape of a pencil.

RACE TO THE SKY

It was the tallest structure on Earth. Some people called it the "Eighth Wonder of the World." The Empire State Building was a marvel of architecture and technology when it was finished in 1931.

This grand building was thought up during a time of big ideas. The 1920s were a period of excitement. Jobs were plentiful in the United States, and almost everyone seemed to have enough money.

7

Turn the page.

During the "Roaring Twenties" wealthy Americans made their fortunes in businesses such as railroads, oil, and automobiles. After years of making money, many of these individuals began looking for new challenges. For some, the perfect challenge was competing to build the world's tallest building.

Many notable people wanted to be a part of the great New York skyscraper race. Rich businessmen began pouring millions of dollars into building projects.

One of the first great skyscraper projects began when millionaire Frank W. Woolworth paid cash to finance the construction of the Woolworth Building. The 60-story Woolworth Building became famous when it was completed in 1913. It remained the tallest building in the world for the next 17 years.

The Metropolitan Life North Building was designed to break height records at 100 stories tall. But financial problems forced construction to stop at floor 29.

With 77 stories the Chrysler Building became the world's tallest when it was finished in 1930. But a new challenger, the Empire State Building, would soon rise even higher.

The Empire State was the tallest and the grandest skyscraper the world had ever seen. Its clean, modern lines were designed according to the Art Deco style. The city—and the whole country—was proud of the new building when it was finished in 1931.

Turn the page.

The Great Depression caused many people to struggle to feed their families. In the scene above, unemployed New Yorkers in 1930 wait to receive food from a charitable organization.

But major economic changes had occurred by 1931. The fun, carefree days of the 1920s had come to an end. In October 1929 the stock market crashed, sending the country into the Great Depression. Millions of people lost their jobs. There wasn't much to be hopeful about. The Empire State Building was one of the few construction projects that went on after the crash. People saw it as a sign that things were going to get better.

You can experience the danger, struggle, and excitement of being part of the construction of the world's tallest building. There are many jobs available, and each one is important to the project's success.

11

To be a young architect designing the Empire State Building, turn to page 13.

To be a riveter from Brooklyn, working high in the steel, turn to page 43.

To be a water boy at the end of construction, turn to page 67.

New York's Times Square was a bright, noisy, and vibrant place to be in the 1920s.

CHAPTER 2

A BIG IDEA

The 1920s is an exciting decade to live in New York City. With the end of World War I in 1918, the world is ready to have some fun. New York City seems to be the center of attention. The streets fill with a new music called jazz. At night the city glows with electric lights.

By 1929 almost 6 million people live in New York, and you are one of them. You came here to go to Columbia University Graduate School of Architecture, the best architecture school in the country. After graduation you decided to stay. New York is the place to be.

13

Turn the page.

You have a big dream: to design tall buildings. That's why you pursued a job with the best architecture firm in town, Shreve, Lamb, and Harmon. They are famous in New York for their tall buildings. You got a job with them, and you feel lucky to be a part of the team.

The firm's big project is a 50-story building. It won't be the world's tallest, but it will be a skyscraper. When you arrive at the office, there is a message waiting for you. It informs you that the team is meeting with some investors about the new project.

The meeting room is more chaotic than you've ever seen before. Everyone is talking at once. Mr. Lamb tells everyone to quiet down and waves you to a seat. A stranger is seated next to him.

"Everyone, this is John J. Raskob," Mr. Lamb says. You recognize Raskob as one of the richest businessmen in New York. He is the former head of General Motors, one of the biggest car companies. You're not sure why he is here. He doesn't have anything to do with the 50-story building project.

Mr. Lamb has some bad news. The 50-story project has been cancelled. The deal to buy the land for the building has fallen through. Mr. Lamb is smiling, though. He's got more news. Mr. Raskob and some other men bought the land. They want to build a different skyscraper, and they want your firm to design it.

"Will it be the world's tallest building?" you ask hopefully.

Turn the page.

Mr. Raskob pulls out a pencil. He holds it, point up, and looks at Mr. Lamb. "Bill, how high can you make it so that it won't fall down?"

Raskob goes on to tell the group that he wants this skyscraper to beat the Chrysler Building, which is currently being constructed. It is clear that this will be a competition to see who can build the taller skyscraper.

By the summer of 1929 construction on the Chrysler Building was well underway.

There is only one problem. The architects behind the Chrysler Building are keeping their plans a secret. No one knows how high the Chrysler Building will be. Your firm will have to guess how high the Chrysler will be, then design something even taller.

The meeting breaks up and everyone heads back to the office. As you leave you hear Mr. Raskob mention that one of his partners, former governor of New York Al Smith, is about to hold a press conference. He'll be giving some details about this new project. Going to the press conference could be a useful way to gather more information. But you can't wait to get back to your desk and work on ideas for the new building.

To listen to Al Smith, turn to page 18.

To go back to your office, turn to page 20.

Al Smith has called the press to his rooms at the Hotel Biltmore, near Grand Central station. The room is crowded with reporters pushing one another for the best view of the former governor. When he begins to talk everyone gets quiet.

"I'm the president of a new company," he says. "It's called the Empire State Building Corporation. And I'm pleased to announce that we're going to build the world's tallest building!"

He continues by saying the building will be over 1,000 feet high. It will have 80 stories of office space. This amazing building will be built on 2 acres of land in midtown Manhattan, where the old Waldorf-Astoria hotel now stands.

The reporters begin firing questions at the former governor.

"Why did you choose the old Waldorf-Astoria site?" one shouts.

Smith chuckles. "Have you ever been down there?" he asks. "It's one of the busiest areas in the city! Buses pass right by the site, and subway stops are only a short walk away. The best stores in Manhattan, such as Macy's, the world's largest department store, are nearby. It's the perfect place for an office building."

Mr. Smith's excitement rubs off on you and everyone else in the room. You head back to the office, ready to get started.

Turn to page 20.

Everyone is buzzing with excitement. Ideas for the world's tallest building seem to tumble out of your pencil as you draw design after design. Everyone works hard for days, hoping to come up with the best idea.

Some Empire State Building architects set up temporary desks in the main dining room of the Waldorf-Astoria before it was torn down.

One good thing about the Waldorf-Astoria site is how big it is. The 2-acre lot is twice as large as most building sites in the city. That means the new skyscraper can be huge. You know that once you finish your designs, Mr. Lamb and Mr. Shreve will want to see them.

You have a lot of respect for both of your bosses. Mr. Lamb studied architecture in Paris. He is one of the best designers in the city. Mr. Shreve once taught architecture at Cornell University. He is the best at running a job and making sure a project stays on time and on budget. Mr. Lamb will give you good suggestions about your design. Mr. Shreve can tell you if your design is practical, and how much it would cost.

To show your ideas to Mr. Lamb, turn to page 22.
To show your ideas to Mr. Shreve, turn to page 36.

Mr. Lamb nods approvingly. He thinks you've made a good start. But he reminds you of the zoning law in New York about tall buildings. This law states that buildings can't rise straight up from the sidewalk, as your designs do. If all buildings did that, then it would be more difficult for sunlight to get to the ground.

The law says that after 150 feet, every tall building has to "step back" as it gets higher. That would make the skyscraper narrower as it got taller to allow light and air to get to the street. He encourages you to think about a design that is new and fresh, but will still follow the law.

22

Mr. Lamb says that they are going to choose the contractors who will handle all of the construction for the project. You can come along to the meeting, or you can show your ideas to Mr. Shreve.

To help choose the contractors, go to page 23.

To show your plan to Mr. Shreve, turn to page 36.

Al Smith and the rest of the Empire State Building Corporation are at the meeting. Mr. Lamb, Mr. Shreve, and Mr. Harmon are also there. One by one the best contractors in the city make presentations. Finally the last contractor comes in, Starrett Brothers. Al Smith greets them, saying, "Well, what have you got to say for yourselves?"

Paul Starrett says he is going to prove that he and his brother are the best contractors for the job. As you wonder how he's going to do that, he rattles off a list of accomplishments. They are the only contractors who are also trained architects. This year, his company built the 70-story Bank of Manhattan Trust Building at 40 Wall Street, which was in the race with the Chrysler Building as the world's tallest. Most importantly, they are known for their speed. The 40 Wall Street building went up in only 11 months.

Turn the page.

"How much equipment do you have?"
Mr. Smith asks.

Paul Starrett shocks you with his answer. "Not
a thing. Not even a pick and shovel." You look
around the room. Everyone looks as surprised
as you feel. Then Starrett says, "Gentlemen, this
building of yours is going to present unusual
problems. Ordinary building equipment won't
be worth a thing on it. We'll buy new stuff, fitted
for the job, and at the end, sell it and credit you
with the difference. It costs less than renting
secondhand stuff, and it's more efficient."

He also promises to tear down the
Waldorf-Astoria and finish the construction
in 18 months. *That's impossible,* you think.

After Paul Starrett leaves, the group talks about the presentations. Starrett certainly made a big impression. You sit back, trying to decide whether it would be smarter to go with one of the other, more traditional contractors. Then again, maybe Starrett can deliver on his promises. Then Mr. Lamb calls for quiet in the room. He wants to hear your opinion.

The Waldorf-Astoria set a new standard for quality. It offered luxurious features at a time when hotels catered mostly to lower classes.

To argue for Starrett Brothers, turn to page 26.

To argue for one of the other contractors, turn to page 37.

You say that you like Paul Starrett's confidence and ambition. You acknowledge that his fee, $600,000, is high, but it's a worthwhile investment if he can finish the job in 18 months. The others agree with you.

The next few weeks are a flurry of meetings with the owners, architects, and builders. It is important that everyone works together to plan the entire project. As Mr. Shreve said to you more than once, keeping everyone on the same page helps avoid design mistakes. It also makes the construction run smoothly, and catches problems early.

One day Mr. Lamb calls a meeting. The group has come up with guidelines for the building. No space in the whole building can be more than 28 feet wide, from window to hallway. The outside of the building will be made of limestone. The whole building has to be finished by May 1, 1931, which is a year and six months from now. And the project must stay under budget.

Then he shares the good news: the guidelines allow for there to be as many stories as possible. Now it's time to come up with the final design.

To work on the inside space design, turn to page 28.

To work on the height design, turn to page 30.

Mr. Lamb demands that every inside space in the building must be flooded with sunlight. But office buildings need other features such as stairways, elevators, and bathrooms. In most buildings these things are on the sides or corners of the building. But they block sunlight to parts of each floor.

You struggle with this problem for days. Then suddenly the answer comes to you. Put all the elevators and bathrooms in the middle! Quickly you sketch out your idea and show it to Mr. Lamb.

He points out that the floors get narrower as the building gets higher. The highest offices won't have 28 feet between the windows and the hallways. You explain that the offices will be smaller, but they will be brighter and quieter. The views will be magnificent. The owners can charge more to rent those spaces, even though they're smaller.

Mr. Lamb is impressed. Instead of working from the bottom up, you designed the highest offices first and worked down. "That's top-down design," Mr. Lamb says. He tells you that the next two priorities are designing the steel structure and working on the building's height.

To work on the height design, turn to page 30.

To work on the steel structure design, turn to page 32.

How high can the world's tallest building be? At first you design a building with more than 100 floors. But then you learn that the owners don't have enough money to build that high. They can only afford about 85 floors. That is still taller than 40 Wall Street, which is now the tallest building. It has only 72 stories. When you show your ideas to Mr. Shreve, he nods in approval.

"Also think about the elevators," he says. "The height of the building also depends on how good the elevators are." He invites you to meet with the builders about the elevators.

Skyscrapers would not be possible without the invention of the elevator. The key for this project is to design one that will move many people faster than any other elevator. After many meetings with the Otis Elevator Company, you emerge with the design for a fast elevator system. The limit of the new elevator system is about 80 floors. Above that, smaller elevators will take people to the highest floors. You are thrilled when the new design is approved.

You know that Mr. Lamb needs someone to work on the building's steel structure design. You've also heard that work on the exterior design is about to begin.

To design the steel structure, turn to page 32.

To work on the exterior, turn to page 34.

As you begin work on the steel structure design, you think about what you learned in architecture school. In the past, buildings had a skeleton of cast iron. Cast iron is heavy. It doesn't bend or move well in the wind. These are reasons buildings with a cast-iron structure could not rise very high. Steel is different. It is stronger and more flexible than cast iron. It can bend and move in the wind. That is very important for a tall building. Tall buildings have to move a little in the wind or they will break.

Together you and Mr. Lamb design a three-dimensional steel skeleton for the Empire State Building. This skeleton will hold all the weight of the building. The walls will hang on the steel skeleton. This will let you create any kind of walls and windows you want. The windows will let in plenty of light and air to every floor.

Mr. Lamb mentions that demolition has started on the Waldorf-Astoria hotel. You could go watch the old building come down. Or you can stay and work on more ideas.

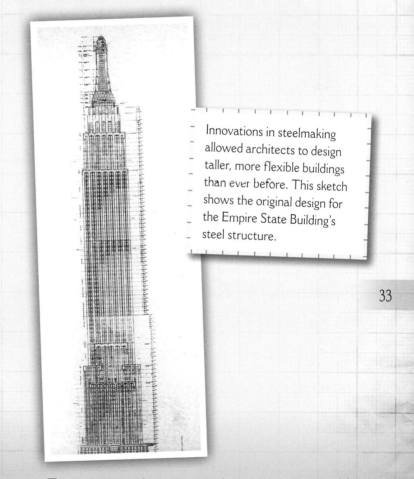

Innovations in steelmaking allowed architects to design taller, more flexible buildings than ever before. This sketch shows the original design for the Empire State Building's steel structure.

To continue working on your design, turn to page 38.
To take a break and watch the demolition, turn to page 40.

Keep things simple—that's what all the architects you've known have drilled into your head. Most buildings have decorations on the outside, like sculptures, buttresses, and carvings. But those things cost money, and Mr. Shreve is making sure this project stays on budget. You and he sketch a tall tower, elegant and simple. You imagine long bands of simple, beautifully cut limestone for the outside of the building.

The 6,400 windows are simple too. Most building windows are set deep inside the walls. But Mr. Shreve wants the windows even with the outside wall. This design makes the windows look like part of the wall itself. You've never seen that curtain-wall design before, and it's impressive. It will make the Empire State Building look modern.

Mr. Shreve explains that designing the walls and the windows this way will make construction go much faster. It will also mean the building will use 75 percent less stone than other skyscrapers.

Everyone is pleased with the design. Now you're ready to get to work designing the inside of the building. But then Mr. Shreve says that there's still time to see the Waldorf-Astoria come down. It's your last chance to catch a glimpse of the demolition. Soon the Empire State Building will rise in its place.

35

To work on interior designs, turn to page 38.

To watch the demolition, turn to page 40.

Mr. Shreve frowns as he looks at your designs. He points out that the materials you want to use are very expensive. You argue that they are the best materials for your design.

"This might be the world's tallest building, but it won't be the world's most expensive!" he says. He also tells you that the owners want the building finished by May 1, 1931.

"That's less than two years away!" you gasp. "There's no way the world's tallest building can go up that fast."

"If you think that way," he says, "then maybe you aren't the right person for this project." Your heart sinks. He says you can work on another project, but your dream is crushed. Sadly you clean out your desk and leave for good.

THE END

To follow another path, turn to page 11.
To read the conclusion, turn to page 101.

You decide that the first contractor is a safer bet, and say so. Everyone listens politely, but it's clear that no one else agrees. They all want Starrett Brothers. You argue that Paul Starrett wants $600,000, far more than any of the others asked for.

"There is no way anyone can build the world's tallest building in only 18 months!" you say.

Mr. Lamb frowns, but you keep arguing. The more you argue, the more convinced you are that your opinion is right. Finally Mr. Shreve pulls you aside. They've made their decision, and it's going to be Starrett Brothers. By that time, you're so angry that you quit on the spot, storming out of the room. *There will be other skyscrapers*, you think angrily.

THE END

To follow another path, turn to page 11.
To read the conclusion, turn to page 101.

You have plenty of ideas for the lobby of the Empire State Building. It should be simple, like the rest of the building. But the materials should be luxurious. There aren't any carvings or decorations on the elegant marble walls. You want the natural beauty of the marble to shine. You design a large aluminum and gold mural that shows the Empire State Building in all its glory. You sketch plans for another beautiful mural of starbursts on the ceiling made of canvas, aluminum, and gold.

You even have ideas for the lights and other fixtures. They should be in the Art Deco style, which is very popular. Art Deco style is filled with strong shapes and colors with a clean, modern look.

It's your best design yet, and everyone loves it. Mr. Lamb congratulates you on a job well done. Your ideas are put into the final design of the building.

On your way home it finally hits you. You are an architect, and you are working on the world's tallest building! The building is going to be famous. You might be famous someday too. Eventually you begin working on different buildings, but you keep a close eye on the Empire State Building's construction. As the building rises up above New York's skyline, you're proud to have been a part of such an innovative project.

THE END

To follow another path, turn to page 11.
To read the conclusion, turn to page 101.

Demolition is loud, dirty, and exciting. Strings of electric lights crisscross the site. People collect bits of wood or look for souvenirs from the once-grand hotel.

Inside the building workers throw debris down a huge chute, which leads into waiting trucks. Paul Starrett thought of the chute idea. You smile at how smart it is. It keeps debris off the streets. It also saves money on labor. Another worker hoses down the area with water to control the dust and dirt.

It gets dark, and you head home. Soon the world's tallest building will rise on the site of the old hotel, and you can't wait to see it happen. You've played a big role in the planning of the project, and you look forward to more projects that will come your way at Shreve, Lamb, and Harmon.

THE END

To follow another path, turn to page 11.
To read the conclusion, turn to page 101.

Cranes were positioned along the Waldorf-Astoria to demolish it as safely and efficiently as possible.

Skyscraper workers became known for their fearlessness as well as their hard work.

CHAPTER 3

WORKING IN THE SKY

The noise splits your ears. The sidewalk under your feet trembles as the huge construction machines roar all around. On the Empire State Building construction site, the first steel girders have gone up. One day all this noise and mess will end with the world's tallest building standing above New York's skyline.

The building isn't the biggest news in New York anymore. Last summer the city was buzzing with the news that rich investors were going to build the world's tallest building. But in October of 1929 the stock market crashed. This began the Great Depression. Soup kitchens opened around the city. Long lines of hungry people wait for hours to get food.

Turn the page.

Although almost every construction project in the city has shut down, construction on the Empire State Building has continued. You heard a rumor that some of the rich men who were building it weren't affected by the crash. That's good news for you. You come from a family of riveters—workers who connect steel girders to build structures such as skyscrapers. You, your father, uncle, and brother are very lucky. You all got jobs working on the Empire State. The pay is good, $1.92 an hour. That's more than a subway worker makes.

It's 8:00 a.m., time to be on the job. You arrived on time with your dad and brother. But your Uncle Tony is nowhere to be seen. The project construction superintendent, John Bowser, sees you and frowns.

"You know you have to work as a four-man team, or you don't work at all today," he grumbles. "Do you know how lucky you are to have a job? There are 10 men waiting to replace you if you can't do the work."

"He'll be here," your dad says.

Bowser looks at you. "My runner isn't here, either," he says. "You can work for me today."

To work as a runner, turn to page 46.

To wait for your uncle, turn to page 53.

You're not sure what a runner is, but you decide to give it a try. "You're the go-between with the owners, architects, builders, and all the subcontractors and foremen," Bowser says. "My usual guy is more of a secretary. He keeps track of contracts, payroll, and other paperwork. Today I need someone to run messages and deliver things around the construction site."

Bowser continues. "I need to know how much steel is going to be delivered today. I also need you to find out when the next shipment of limestone will arrive. And if you have time, find the timekeeper and bring me the list of the workers he hired today."

Alright, you think. *I'd better get started.*

You find the steel supervisor directing trucks loaded with steel girders as they arrive. The steel is so huge and heavy that the trucks must move very slowly. This way they won't damage the streets.

Huge cranes lift the steel girders off the trucks and high into the air. The building is already more than six stories high, so relay cranes sit on ledges on the higher floors. The girders are passed upward from crane to crane. At the top ironworkers carefully swing each girder into place. Then the riveters go to work, riveting the steel girders together.

The supervisor can barely hear you over the din of the construction. You ask again how much steel is going to be delivered today. He yells back, "Two stories' worth, same as yesterday and the day before. Tell the boss the steel looks good, the plant in Pittsburgh is doing a great job."

He asks if you could do him a quick favor. Someone needs to make sure all the steel girders have their numbers, and that they are in the right place.

To check the steel numbers for the supervisor, turn to page 48.

To stick with your list and check on the limestone order, turn to page 50.

Every steel girder has two numbers on it. One is the place where the girder will go in the skeleton of the building. The workers use this number to put the steel frame together quickly and efficiently.

The other number indicates the crane that will lift the girder into place. The workers match the numbers and send the steel to the right area of the site so the skeleton can go up quickly. The Pittsburgh steel mill is so good that it can make the steel and ship the girders to New York in less than a day. You place your hand on one of the newly delivered girders. The steel is so fresh that it still feels warm.

It looks like all the numbers are here and the girders are correctly placed, so you tell the supervisor. He thanks you for your help and sends you on your way.

Placing steel girders throughout the building's skeleton was similar to constructing a giant puzzle.

To check on the limestone order, turn to page 50.

To see if your uncle has arrived, turn to page 53.

The outside of the Empire State Building will be covered with slabs of limestone. As you watch, another truckload of limestone rumbles up the street and disappears into the building. You make a note to tell Mr. Bowser that his limestone shipment has already been delivered.

Inside, cranes lift the limestone off the trucks. The limestone goes into railcars that snake through the inside of the building. Several workers push a railcar of limestone to the area where it will be installed.

The supervisor is talking to someone as you approach. He introduces himself as Paul Starrett, the head contractor. Starrett often comes to the construction site to make sure things are going well.

"See that?" Starrett says. "Every slab of limestone is identical. They are all finished at the plant in Indiana. That way, we don't have piles of limestone sitting around waiting to be cut. That saves us a lot of time on this end. And we put all the cranes on the inside, instead of out on the street. There's no way anything will fall into a crowd."

You are amazed. You've never heard of a contractor who thought of so many details. No wonder they hired him for the job. You only have one item left on your list, but you wonder if you should check back in to see if your uncle has arrived.

51

To find the timekeeper, turn to page 52.

To check and see if your uncle has arrived, turn to page 53.

The timekeeper is the person in charge of hiring and paying workers. He greets you and hands you some papers to give to Bowser. "Only a few new hires today," he says. "We've got almost everyone we need now."

You remember what it was like when you were hired. All the hiring is done before 8:00 a.m., so you were here early. Your foreman gave you a hiring ticket with your name, how much you would be paid, and other information. The timekeeper put all that information on a card in his office.

You thank the timekeeper as you leave. You head off to find Mr. Bowser, happy to have completed everything on his list. You pick up the pace, hoping your family isn't waiting for you to get the day's work started.

Go to page 53.

Your dad and brother are ready to leave when your uncle appears, breathing hard from running. "Train accident," he gasps. "Am I too late?"

Bowser doesn't like it. "I should make you all leave," he says. "This job must be on time and we can't wait. Don't let it happen again."

You all nod, then head to the timekeeper's office. Everyone picks up their work numbers, etched on small brass disks. Each employee has one of these disks. When you come to work in the morning you pick up your disk. Someone comes around the job site twice a day, checking disks. Showing your disk at these times proves you're at the job. You also show your disk when you get paid on Friday. You slide your disk into your pocket, and then make your way to the worker elevators. These are four old elevators from the Waldorf-Astoria hotel, salvaged by the builders to save money.

Turn the page.

At the top floor you notice a hole in your pocket. Your brass disk is gone! You have to have it to get paid. The supervisor wants your team to get started, since you're late already. But you need to find that disk.

Once a red-hot rivet was pounded into place it would cool and expand, forming a solid bond between girders.

54

To get to work, go to page 55.

To retrace your steps, turn to page 59.

You decide to hope for the best and follow your team through the job site. Soon you are far above the street on the end of a steel girder.

Several riveting teams are working nearby. Each team has a heater, or passer, a catcher, a bucker-up, and a gunman. Your dad is the heater, in charge of heating up the rivets in the forge. The rivets get red-hot in the forge. Your job as catcher comes next. Your dad picks a rivet out of the fire with tongs and tosses it to you. You catch the red-hot rivet in a bucket. Then you pick up the rivet with a pair of tongs and push it into a hole in the steel plate. Your brother, the bucker-up, holds it in place while your uncle, the gunman, pounds the rivet into the hole with a riveting hammer. All this happens in less than a minute! Your team can pound more than 500 rivets during one workday.

Turn the page.

At noon everyone takes a break for lunch. As you eat your brother sits down beside you and holds out a disk. "Did you lose this? I found it by the elevator," he says. You slap him on the back, thanking him and feeling very lucky.

In the afternoon the sky darkens. A few raindrops fall. Your dad wants to stop working. Bad weather is dangerous. Rain can make the steel girders slick. Winds can blow a man off the girder. This weather doesn't look too bad, though. Maybe you can work through it.

56

To wait for the rain to stop, go to page 57.

To work through the weather, turn to page 60.

Your team decides not to take any chances. Everyone waits inside for the rain to stop. When it stops you head back out on the steel girders. Soon you and your team are moving together: throw, catch, place, hammer, throw, catch, place, hammer.

Just as you've found your rhythm, you slip on a patch of wet steel while positioning yourself to catch the next rivet. You catch yourself and avoid falling, but the rivet hits you in the head. You shake it off, laughing, showing off the burnt hair on your head.

The work starts up again, but you can't seem to focus. You miss two rivets in a row. Dad tells you to take a break, but you want to keep working.

To take a break, turn to page 58.

To keep working, turn to page 61.

After taking a break your head feels a lot better. When you get back on the steel, everything is fine. You work until 4:30 p.m., quitting time. The paymaster is making his rounds, surrounded by armed guards. He calls your name, and you show him your brass disk and number. He hands you an envelope filled with cash. Every worker gets paid this way.

Your brother whispers, "30th floor." That's where the workers will meet after the bosses have gone home. As the sun sets you make your way there. The men have set up makeshift card tables. You'd love to play cards, but you don't want to gamble away your paycheck. Maybe you should go home instead.

To go home, turn to page 63.

To stay with your brother, turn to page 64.

You tell the supervisor that you'll be right back. You head back to the elevators, scanning the floor. There's so much noise that you don't notice a railcar full of steel barreling down its track. It slams into you, throwing you several feet. You're barely conscious as several men carry your limp body to the first-aid shack. Your head will heal, but your work on the Empire State Building is finished.

The Chrysler Building is visible in the center of the skyline behind an Empire State riveting team.

THE END

To follow another path, turn to page 11.
To read the conclusion, turn to page 101.

Your team keeps working, even though all the other teams find shelter inside. The sky gets darker. You agree to pound one last rivet and go inside too. Your dad tosses the red-hot rivet to you, and you slip on a wet spot on the steel girder. Your brother grabs your arm as you go over the edge. You dangle there for a few seconds, nothing but air between you and death. Then your brother hauls you up with a jerk. Something snaps, sending a terrible pain shooting through your arm.

You lie there gasping as a crowd gathers. Your dad looks both angry and relieved. At the hospital the doctor sets your broken arm and gives you the bad news: no more work for six weeks. That means your family is out of work too.

60

THE END

To follow another path, turn to page 11.
To read the conclusion, turn to page 101.

You decide to keep working. You gulp down some water, wipe your head, and get back to work. Things are fine for a little while, but soon your head begins to pound. Finally you have to stop. Dad promises to get your paycheck for you. You stop at one of the nursing stations on the site. The kind nurse bandages the lump on your head and tells you to take it easy. Then you make it down to the street.

The crowds are thick, watching the workers high above. You stop and glance upward. The workers look like ants crawling around on the bare steel. Someone has set up a telescope in Bryant Park so people can watch the action. You don't need to see it up close.

Turn the page.

By the time you get home you're feeling much better. Tomorrow you'll be back up there, one of the sky boys working on the Empire State Building.

Riveting crews had to do difficult jobs, often in awkward positions at dizzying heights.

THE END

To follow another path, turn to page 11.
To read the conclusion, turn to page 101.

You were never very good at cards anyway. You crowd onto the old Waldorf-Astoria hotel elevator and ride to the street. It's almost dark, but you can see the sunset over the city. The half-finished Empire State Building glows in the red-gold light. You stand there until the red sun disappears, then you make your way home.

You pass a handful of men begging on the street corner. You wish you could help them, but you know that you can't. Grateful as you are for your current job, it won't last much longer. After the Empire State Building is complete you might be standing on the street corner too, unemployed and begging. But for now you try to focus on good things. Monday you'll be back, ready to continue work on the world's tallest building.

THE END

To follow another path, turn to page 11.
To read the conclusion, turn to page 101.

You're not much of a card player, but you don't feel like going home. You hang around with the other men, laughing and swapping stories. Suddenly you hear a commotion at one of the card tables. Your brother is arguing angrily with another man.

You rush to your brother's side as the man takes a swing. He clips you on the chin and you go down. A brawl breaks out. Someone tries to hit you, but you grab him and throw him to the ground. The two of you wrestle on the floor for a few minutes until a foreman appears. He breaks up the fight and tells you all to go home. You head down to street level with your brother and some of the other workers. Your brother has a black eye and his nose is bleeding. Smiling, you offer him a rag to wipe his face.

On the journey home you think about your work. You hope that one day you'll look up at the Empire State Building and proudly tell people that you helped build it.

Empire State workers pause for a group portrait on the building's steel skeleton in 1931.

THE END

To follow another path, turn to page 11.
To read the conclusion, turn to page 101.

During its construction the Empire State Building rose at an average rate of 4.5 floors per week.

CHAPTER 4

THE EMPIRE STATE TAKES SHAPE

The first months of 1930 are rough for people in New York. The Great Depression is taking hold, and more people than ever are out of work. The newspapers keep saying things will get better soon, but you don't believe them anymore. Your father lost his job weeks ago.

It feels as though the only hopeful thing in the whole city is the Empire State Building. Every day it rises higher over New York. It's going up so fast that no one can believe it.

67

Turn the page.

Early one morning you're standing with the rest of the crowd, neck stretched upward, watching the ironworkers and riveters perch on the steel girders far above. They fearlessly swing, jump, walk, and crawl over the steel. You wonder what it would be like to work in the sky.

Several boys your age are heading to the construction site. Curious, you follow them. One tells you that water boys are needed for the construction. You follow the boys into the half-completed building. Someone directs you to the timekeeper's office. There's a line of men and boys already there, and it's not even 7:00 a.m.

To change your mind, go to page 69.

To go to the end of the line and wait, turn to page 71.

You have a terrible fear of heights. You shake your head, shivering at the thought of working up in the steel. Quietly you turn around and run home. You tell your dad that they are hiring workers on the Empire State Building, and he rushes to the site. You don't see him all day, but you don't dare hope.

It's dark when he gets home, carrying a small bag of groceries. You can tell from the relief in his eyes that he got a job.

Turn the page.

"It's not permanent, just a helper to clean up and remove debris," he says. "But it's honest work and I'm glad to have it." Together you prepare a pot of soup, the first decent meal you've had in weeks.

"We'll get by," he says. But later you feel badly that you didn't even try to get a job. The next morning you are determined to try again.

A New York charity feeds and houses the unemployed. Soup kitchens became common in the United States during the Great Depression.

To go to the job site, go to page 71.

To look for another job, turn to page 92.

You stand in line behind the rest of the job seekers. Soon a man appears and starts asking you questions.

"How old are you?" he asks.

"Fourteen," you reply.

"Have you ever worked construction before?" he continues. "Are you afraid of heights?"

You gulp, shaking your head.

The man looks at your thin coat and worn shoes. He writes something down on a piece of paper.

"You're hired," he says. "You're going to be a water boy. The timekeeper will tell you what to do."

Turn the page.

The timekeeper records your information in a large book, and then hands you a brass disk with a number.

"This is your number," he says. "Don't lose this disk. You need that number to get paid every Friday. Bring it back to me at the end of the day."

Your job is to take water to the workers all around the construction site. A foreman points you to the area where the other water boys fill their buckets.

"Better not be afraid of heights," one boy says. "Those sky boys up on the girders will toss you to the wind."

You don't really believe that anyone would throw you off the building, but you're not going to get too near the edge, either.

"Listen up," the foreman says. "I need water boys to take care of the bricklayers. I also need someone to head up to the top floors to the ironworkers." He hands you a list of workers and where they are located on the construction site.

To go to the bricklayers, turn to page 74.

To go to the ironworkers, turn to page 80.

You aren't sure where to go first. Someone tells you to head to the basement. When you get there, you're astonished to see two huge hoppers filled with bricks. There are large openings above the hoppers.

The workers thankfully gulp the water you brought and wipe the sweat off their faces. "I'll bet you've never seen the likes of this," one says. "No one has. It was Paul Starrett's idea." He tells you that Starrett is the head contractor on this job.

Another worker explains what is going on. "On a normal job, the bricks are dumped into piles. Men load the bricks into wheelbarrows and take them where they need to go."

Constructing the mooring mast at the top of the building was the final step to completing the Empire State's steel skeleton.

Turn the page.

"But not this job!" another man says. "Each
of these hoppers can hold 20,000 bricks. The
trucks drive right into the building and dump their
bricks into those openings. The bricks fall down
the openings into the hoppers. Each hopper has a
small slot. The bricks go through a slot into dump
cars. The dump cars hold about 400 bricks."

Once a floor's steel girders were in place,
crews of bricklayers followed.

Several men push each dump car along a special rail track to a hoist. They're attached to the hoist, and then disappear upward.

"Those cars go right up to the floors where they are needed," another man says. "Those bricks won't be touched by human hands from the time they are made at the brickyard until they are put into a wall!"

The workmen thank you for the water and tell you the bricklayers are up on the 38th and 39th floors.

Turn to page 78.

The noise is as bad up here as it is down below. Hundreds of people are working: plasterers, electricians, concrete workers, helpers cleaning up debris, and many others. The bricklayers are working on the walls.

You've never seen bricklayers build a wall so fast, and with such care. The bricks make an inner wall that supports the limestone outer layer. Helpers pile bricks next to each bricklayer. All the bricklayers have to do is reach for a brick, put it in place, spread a layer of mortar, and reach for the next one.

One of the bricklayers comes over for a drink. "Did you know that we use 100,000 bricks every day?" he asks. "That's what it takes to build a floor a day. We're going to use 10 million before this job is over!"

You make sure the other thirsty bricklayers get a welcome drink from your water bucket. Now you need to get to other workers. But just then your stomach growls and you realize it's almost lunchtime.

To find the limestone workers, turn to page 86.

To get some lunch, turn to page 88.

The ironworkers are the workers who crawl to the edge of the steel girders. Sometimes they even eat lunch or take naps on a girder! You take a deep breath and go all the way to the top of the construction site.

Several men sit calmly at the edge of a girder while a huge crane gently lowers another girder to them. The men grab the girder with gloved hands and guide it into place. A few bolts lock it down until the riveting team can finish putting it together. After placing a girder the ironworkers fearlessly climb down and move to the next one.

A group of ironworkers spot you and come over for a welcome break. They're speaking a language you have never heard.

"We're Mohawks," a friendly young ironworker explains. "We're from Canada, and some of us drive to New York every week to work." He goes on to say that he rents an apartment in Brooklyn with many other Mohawks. They stay in the city all week, and then drive home on the weekends. But some workers like New York so much that they've moved their families here for good.

Turn the page.

He explains that Mohawks have worked on high-rise projects for years. Some people think they have a special ability to fearlessly walk on the steel. "I'm not sure about that," the young man says. Then he looks at you. "Want to learn how to walk on the steel? It feels like walking on air."

The workers who took on the most dangerous jobs walking on high steel girders came to be known as "skywalkers." They were famous for their fearlessness.

To refuse his offer, go to page 83.

To try to walk on the steel, turn to page 93.

You shake your head, terrified at the thought. The man shrugs. "It's not for everyone," he says. "We're careful, we know how dangerous the work is." He takes another drink from your bucket and scrambles back onto a girder, ready to place the next piece of steel.

You examine the foreman's list and realize that the carpenters should be the next workers you visit.

83

Turn to page 84.

Carpenters do many jobs. You see them on almost every floor. Mainly they build frameworks, temporary supports to hold up walls, and temporary flooring. You see a lot of carpenter helpers, because one of their jobs is taking care of the water barrels. They also keep the work areas clear of debris and help out in the storerooms.

You go to several floors, delivering water and refilling your bucket. Along the way you give water to many other workers. You meet electricians, plumbers, concrete mixers, hoist managers, elevator builders, glazers working on the glass windows, and dozens of others. You had no idea it took this many professions to build one building.

You notice that it's almost lunchtime. But you think you may have time to give water to the limestone workers before taking a break.

The speed of the Empire State Building's construction meant that many different types of work went on at once.

To look for the limestone workers, turn to page 86.

To get some lunch, turn to page 88.

You head down to the loading area. There, trucks loaded with crates of limestone rumble in. Each crate has a key that tells the loaders where it needs to go in the building. Electric hoists move along a monorail in the ceiling. Each hoist picks up a crate of limestone and swings it down the monorail to a railway car. The cars go to the right floor, taking the limestone where it should go.

The whole monorail system is amazing. Nothing like it has ever been used on another construction site. After the workers here get water, you head up to the floors where they are setting the limestone.

"The architects were really smart," one limestone worker says as he gets a drink. "They designed the building so that all the limestone slabs would be the same. Saves a bunch of money and time that way."

After making sure all the limestone workers have had a drink, you head off to get some lunch.

Some steel workers used a rivet heater to toast bread and warm coffee during their lunch breaks.

Turn to page 88.

Everyone on the site breaks for lunch at noon. Each worker gets 30 minutes to eat. That's not enough time for thousands of men to wait for an elevator, get down to the street, buy lunch, eat, and get back to work. So the builders got the idea to have restaurants inside the building.

You get in line at the lunch counter on the 24th floor. The menu includes chicken salad, beef stew, beefsteak pie, hot dogs, and drinks such as coffee, milk, and soda. You notice ice cream and candy on the menu too. The prices are a few cents lower than lunch stands on the street below.

88

To sit with other water boys nearby, go to page 89.

To eat alone, turn to page 94.

Everyone is talking about the new Chrysler Building, which is now the world's tallest skyscraper. During its construction, the builders had a secret. They had made a huge, needlelike spire for the top of the building. They didn't want anyone to know about it until the last minute. When the spire went on, the building was 1,046 feet tall.

"But the Empire State will beat it," one boy boasts. "Did you know they're building an airship mast on the top? Airships will dock on the top of the world! The mast will be taller than the spire on the Chrysler Building. We'll be the world's tallest."

Turn the page.

You've seen the huge, silver airships gliding over the city. What a wonder riding in one would be!

As the weeks fly by, you arrive at work early, stay late, and do as many extra jobs as you can. The Empire State keeps going up, up, up, almost a floor a day. Finally the huge silver airship mast is placed on the top. The Empire State becomes the world's tallest by 200 feet!

The building is done, and it's time for the grand dedication.

To go to the dedication, go to page 91.

To skip the dedication, turn to page 95.

On May 1, 1931, it feels like the carnival has come to town. The whole city is excited about the dedication. Macy's department store has a special display. The newspapers are filled with ads and articles about the Empire State. You join the crowds as they listen to Al Smith and Governor Franklin D. Roosevelt give speeches. Then President Herbert Hoover, all the way down in Washington, D.C., presses a button. The Empire State Building lights up!

"Let's go up to the observation deck," your dad says suddenly. "I've saved up a bit so we can buy tickets. It will be a celebration!"

You're surprised, but you can't help worrying about spending money in these hard times. Maybe it would be better to save the money for something else.

To go to the observation deck, turn to page 96.

To say no, turn to page 98.

No one is hiring. By the end of the day you are worn out and hungry. You think about your father's temporary cleaning job and shake your head. You know it won't put much food on the table. Your father often looks on the bright side. You know he needs you to find ways to make some money.

As you walk through a park on the way home, you spy a woman with a large purse. In a flash you grab the purse. Her screams echo behind you as you run. Unfortunately for you, a cop sees the whole thing and chases you down. He slaps cold handcuffs on your wrists and hauls you to the police station. You're too tired and depressed to fight. All you can think is that you'll have a hot meal and a warm place to sleep in jail.

THE END

To follow another path, turn to page 11.
To read the conclusion, turn to page 101.

The man tells you his name is Akash. He shows you how to walk with one foot in front of the other, slowly, to keep your balance. When you're ready, Akash ties a rope around your waist, "just in case," he says. With your heart pounding, you take a step out onto the steel, then another. There's nothing between you and the ground far below except air.

For a minute you feel like a bird soaring over this great city. This isn't scary—it's amazing! You're on top of the world, on top of the tallest building ever made. You'll never forget this moment.

93

THE END

To follow another path, turn to page 11.
To read the conclusion, turn to page 101.

You're finishing your milk when the foreman finds you. He has bad news. He's hired too many water boys, and you aren't needed. He hands you one day's pay even though you've only worked a few hours.

"I'm sorry," he says, shaking your hand. "Come back, though. I may need you next week."

Disappointed, you promise to come back. Hopefully he'll have room for you next week. At least this money will help buy your family food for a day or two.

THE END

To follow another path, turn to page 11.
To read the conclusion, turn to page 101.

The last day of work was sad. Many of the workers were there for more than a year. And each worker dreaded what loomed ahead now that the job was finished: unemployment. The Great Depression is getting worse. Most construction projects have shut down. The first day you're out of work, you get dressed and head down to the soup kitchen. At least you will always be able to say you helped to build the world's tallest building. But that won't buy you food in these hard times.

THE END

To follow another path, turn to page 11.
To read the conclusion, turn to page 101.

The grand marble lobby is amazing. The huge golden mural of the Empire State takes your breath away. Your dad is impressed too.

The elevator zips up so fast that your ears pop. You get to the observation deck and step out. You've seen the view before, but your dad gasps in wonder. You can see all the way to New Jersey and Long Island. The Statue of Liberty looks tiny in the distance.

The Empire State Building's opening celebration gave people their first chance to see the amazing views from the observation deck.

As you are gazing at the view, someone taps your shoulder. It's Paul Starrett, the contractor for the building. "I have a proposition for you, young man," he says.

Starrett has heard about your hard work on the job site. "I need an assistant in my office a few days a week," he says. "Would you like the job?"

"Yes!" you say instantly. You agree on a day to start, and then Starrett disappears into the crowd. You can't believe your good fortune. Now you really do feel like you're on top of the world!

THE END

To follow another path, turn to page 11.
To read the conclusion, turn to page 101.

"Let's use the money to celebrate another way," you say. "How about a nice dinner in a real restaurant?" At first your dad looks disappointed. But you're both sick of soup and bread for dinner. This will be a treat for you both. He smiles, and together you leave the party behind.

THE END

To follow another path, turn to page 11.
To read the conclusion, turn to page 101.

The Empire State Building remained the tallest skyscraper in the world for nearly 40 years.

The Empire State Building's airship mooring mast was the tallest ever designed. But mooring an airship to such a tall mast turned out to be very difficult. Less than a year after the building opened, the mast was converted for use as a TV and radio antenna.

CHAPTER 5

TALLEST IN THE WORLD

The Empire State Building was the world's tallest skyscraper from its completion until 1970. A lot has happened to the building during its lifetime.

When it was first finished, the Empire State Building sat empty. The Great Depression hit the country hard. Thousands of companies closed down and millions of people were out of work. No company wanted the office space. People started calling it the "Empty State Building."

As the United States began to recover from the Great Depression, companies began to move into the building. By the time World War II ended in 1945, the building was finally bringing in money.

This was good news for the men who owned the building. John Raskob had poured his fortune into keeping the building going. He almost lost everything. But he had faith that his building would make it, and it did. He had a magnificent office in the building until he died in 1950.

The Empire State Building became world famous in 1933 when the movie *King Kong* was released. In the film a giant ape climbs the building and fights off airplanes until he falls to his death.

In 1945 the pilot of a B-25 bomber airplane lost his bearings in thick fog over New York. Trying to navigate safely, he accidentally steered the aircraft toward the Empire State Building. By the time he saw the building, it was too late to avoid a collision. The plane crashed into the Empire State Building between the 78th and 80th floors. The pilot, two others aboard the plane, and 11 people in the building were killed in the accident.

Betty Lou Oliver, an elevator operator, was injured in the crash. Wanting to send her down for treatment, rescue workers placed her in an elevator they thought was undamaged. But the cables had been damaged in the crash and they snapped. Amazingly, Betty survived the 75-story fall to the bottom of the elevator shaft.

The Empire State has stood the test of time. Its classic Art Deco style is a feature that makes it one of the most iconic buildings in the city.

Despite its iconic status, some parts of the building deteriorated over time. The remarkable lobby, with its marble walls and gold murals, was not kept in perfect condition. The ceiling mural was covered and forgotten.

Several renovation projects began in 2009. The lobby was restored. The marble walls were fixed, and the amazing ceiling mural was remade. Today millions of people from around the world see it before taking an elevator ride to the observation deck to gaze down at the city.

When the World Trade Center was finished in 1974, the Empire State Building lost its title as world's tallest building. But it still stands today as a magnificent symbol of New York.

Only two of the building's floors were affected in the 1945 bomber crash.

TIMELINE

1893—Millionaire William Waldorf Astor builds the Waldorf hotel on the corner of 33rd Street and Fifth Avenue in New York City.

1897—The Astoria Hotel goes up on the corner of 34th Street and Fifth Avenue. It is later joined with the Waldorf to become the Waldorf-Astoria hotel.

1913—The Woolworth Building is completed and becomes the tallest skyscraper in the world.

1929—John Jacob Raskob, Al Smith, and others form the Empire State Building Corporation.

The Waldorf-Astoria hotel is torn down to make way for the Empire State Building.

October 29, 1929—The stock market crashes, setting off the Great Depression.

March 17, 1930—Construction begins on the Empire State Building.

April 1930—The Bank of Manhattan Trust Building at 40 Wall Street beats the Woolworth Building to become the world's tallest.

May 1930—The Chrysler Building opens, becoming the world's tallest skyscraper.

May 1, 1931—The Empire State Building opens. It becomes the world's tallest skyscraper.

1933—The film *King Kong* features a huge ape climbing the Empire State Building.

1945—A B-25 bomber crashes into the side of the Empire State Building in a thick fog. The accident kills the 3 people aboard the plane and 11 people in the building.

1970—The World Trade Center North Tower is completed, beating the Empire State Building's height record.

1983—A giant King Kong balloon is installed on the top of the Empire State Building. The balloon is part of a celebration of the 50th anniversary of the film *King Kong*.

2009–2011—Renovation projects help to restore and clean areas of the Empire State Building.

OTHER PATHS TO EXPLORE

In this book you've seen how the events of the past look different from three points of view. Perspectives on history are as varied as the people who lived it. Seeing history from many points of view is an important part of understanding it. Here are some ideas for other Empire State Building points of view to explore:

- The Empire State Building took one year and 45 days to build at a total cost of over $40 million. Compare the cost and time and labor it took to construct the Empire State Building to some more recent skyscraper projects throughout the world. How do they compare? (Integration of Knowledge and Ideas)

- Thousands of people lost their jobs during the Great Depression. Work on projects such as the Empire State Building became increasingly rare. Discuss some of the reasons why people might stay in the city. Would it be better to risk leaving home to find a better life somewhere else? Support your answer with examples from the text and other sources. (Key Ideas and Details)

READ MORE

Banting, Erinn, and Heather Kissock. *The Empire State Building.* New York: AV2 by Weigl, 2014.

Bullard, Lisa. *The Empire State Building.* Minneapolis: Lerner Publications Co., 2010.

Hurley, Michael. *The World's Most Amazing Skyscrapers.* Chicago: Raintree, 2012.

INTERNET SITES

FactHound offers a safe, fun way to find Internet sites related to this book. All of the sites on FactHound have been researched by our staff.

Here's all you do:

Visit *www.facthound.com*

Type in this code: 9781491404003

GLOSSARY

architect (AHR-ki-tekt)—a person who designs buildings and structures

Art Deco (ART DEK-oh)—an art style with bold geometric shapes and sharply defined outlines

charitable (CHAYR-uh-tuh-buhl)—done out of generosity

demolition (de-muh-LI-shuhn)—to tear down an object or building

hoist (HOIST)—a machine that can lift heavy objects

limestone (LIME-stohn)—a sedimentary rock used in building

monorail (MON-uh-rayl)—a railroad that runs on one rail, usually high above the ground

mural (MYUR-hul)—a large picture painted or attached to a wall or ceiling

rivet (RIV-it)—a metal pin that holds steel girders together

salvage (SAL-vij)—to save something

BIBLIOGRAPHY

Berman, John S. *The Empire State Building.* New York: Barnes and Noble Books, 2003.

Flowers, Benjamin Sitton. *Skyscraper: The Politics and Power of Building New York City in the Twentieth Century.* Philadelphia: University of Pennsylvania Press, 2009.

Kingwell, Mark. *Nearest Thing to Heaven: The Empire State Building and American Dreams.* New Haven, Conn.: Yale University Press, 2006.

Korom, Joseph J. *The American Skyscraper, 1850-1940: A Celebration of Height.* Boston: Branden Books, 2008.

Langmead, Donald. *Icons of American Architecture: From the Alamo to the World Trade Center.* Westport, Conn.: Greenwood Press, 2009.

Miller, Ron. *Seven Wonders of Engineering.* Minneapolis: Twenty-First Century Books, 2010.

Reis, Ronald A. *The Empire State Building.* New York: Chelsea House Publishers, 2009.

Roberts, Gerrylynn K. *American Cities & Technology: Wilderness to Wired City.* London; New York: Routledge in association with the Open University, 1999.

Tauranac, John. *The Empire State Building: The Making of a Landmark.* Ithaca, N.Y.: Cornell University Press, 2014.

Willis, Carol, ed. *Building the Empire State.* New York: W.W. Norton in association with the Skyscraper Museum, 1998.

INDEX

MARIANELA

MARIANELA

BENITO PÉREZ GALDÓS

ISBN: 978-84-9764-921-6
Depósito legal: M-4955-2007

Colección: Letras mayúsculas
Título: Marianela
Autor: Benito Pérez Galdós
Introducción: Rocío Pizarro
Diseño de cubierta: Juan Manuel Domínguez
Impreso en: COFÁS, S. A.

IMPRESO EN ESPAÑA – *PRINTED IN SPAIN*

BENITO PÉREZ GALDÓS

MARIANELA

Por Rocío Pizarro

I. Realismo y naturalismo en Europa

La Europa posterior a 1840 se caracteriza por un rápido crecimiento demográfico, principalmente urbano, rompiendo así el antiguo equilibrio entre ciudad y zonas rurales, y por una notable expansión económica basada en el afianzamiento de la industria, el crecimiento de la red de intercambios comerciales y en el progreso técnico y científico. Al mismo tiempo, en este período se llevará a cabo la colonización de gran parte de África y Asia, hecho que responde a la necesidad de obtener materias primas y abrir mercados nuevos. Todo este fenómeno de expansión y mejoras sociales crea un espíritu entusiasta basado en la idea de un progreso humano, científico y social imposible de detener. Se depositan todas las esperanzas en el poder ilimitado de la ciencia, capaz ahora de curar enfermedades infecciosas, antes azote y flagelo de la humanidad, y de contribuir sustancialmente al desarrollo de la industria que, a su vez, permite el progreso científico. Al mismo tiempo, se va consolidando el poder de la burguesía, que paulatinamente se inclina hacia posiciones más conservadoras al verse en la necesidad de defender sus riquezas y nuevos privilegios ante las crecientes presiones de las clases menos favorecidas, provocando así, una marcada tensión social, producto también del frente que mantienen contra los aristócratas defensores del Antiguo Régimen. El afianzamiento en el poder de una nueva y emergente clase social posibilita el nacimiento de un nuevo sistema ideológico que pretende proteger los intereses de esta clase. Como es natural, esta ideología va a perjudicar los intereses de aquellos que detentaban anteriormente el poder. Así pues, los movimientos liberales, que encuentran su apoyo en la burguesía, suponen la primera oleada de ataques al Antiguo Régimen. Estos nuevos movimientos se basan en una corriente de pensamiento orientada a la protección de los intereses del individuo, justificación última de la sociedad política. Esta libertad individual no puede depender de las decisiones arbitrarias de un soberano, sino que, ha de ser el pueblo quien decida sobre su propio destino. La doctrina liberal conlleva el gran problema de limitar su actuación al ámbito estricto de la política no involucrándose en las actividades económicas ni sociales. Centra sus funciones en el ámbito de la libertad individual, descuidando el campo de la justicia social. En este marco el liberalismo se mostrará como un movimiento inoperante al enfrentarse a las contradicciones y problemas de la Revolución Industrial. Debido a esta despreocupación por los conflictos sociales surgirán otras alternativas ideológicas que se interesarán específicamente por este tipo de problema, y que se enfrentarán directamente a los representantes liberales, es decir la burguesía.

El liberalismo comporta la posibilidad de destrucción del Antiguo Régimen, y en este sentido podemos decir que es un movimiento revolucionario, pero al mismo tiempo no se ocupa de las estructuras sociales, oprimiendo a los estratos menos favorecidos, convirtiéndose así en ideología de una única clase, la burguesía. No sólo el liberalismo político marcó esta época, también hay otras corrientes y formas de pensamiento que expresan el espíritu de este período y que tuvieron una gran repercusión en la creación literaria, como son el positivismo, la filosofía marxista y el desarrollo de las ciencias experimentales. Vamos a definir en líneas generales el positivismo, ya que nos interesa especialmente para después entender mejor el sistema utilizado por los escritores realistas. El positivismo propugna el método científico como el único método de conocimiento, con ello queremos decir que sólo aquello que es motivo de experiencia puede ser conocido y la única forma de aprehender la realidad es siguiendo los preceptos científicos; negando, pues, toda posibilidad de conocimiento de otras ramas del saber que no se rigen por estos principios. Para los positivistas, el método científico no sólo nos permite conocer la naturaleza sino que es también aplicable al estudio de la sociedad, por ello será en esta época cuando surja la sociología como ciencia, y se intentará, a través de ella, llegar a un orden social partiendo del estado de crisis en el cual se encuentra la sociedad. Y si el conocimiento está constituido por leyes contrastadas por hechos, entonces, al querer solucionar la crisis de la sociedad, será preciso descubrir sus leyes, tal y como lo anunció Auguste Comte, padre del positivismo y de la sociología.

Al abandonar también la filosofía política la razón de las metafísicas ideales para internarse en el ámbito de las realidades observables, a través de una subordinación sistemática, directa y continua, de la imaginación a la observación, obligadamente las concepciones políticas dejan de ser absolutas para convertirse en algo relativo al estado de la civilización humana, de manera que las teorías, que se encuentran en condiciones de seguir el curso natural de los hechos, permiten preverlos... El espíritu fundamental de la política positiva puede resumirse en la previsibilidad racional del futuro desarrollo de la convivencia social.

El positivismo no sólo cree en la unidad del método científico y en la primacía de dicho método como medio cognoscitivo, sino que exalta la ciencia en cuanto único camino para solucionar todos los problemas humanos y sociales. Este pensamiento de exaltación y fe en la ciencia se extendió rápidamente, contagiando a toda la sociedad del siglo XIX.

II. El realismo y naturalismo europeo

Hacia 1850, en Francia, una serie de escritores y críticos presentan ya al realismo como una nueva estética, diferenciada de la romántica. El realismo pretende ser una reproducción exacta de la sociedad y de las costumbres de la época. Para este fin los escritores realistas escogerán a menudo los métodos de observación de las ciencias experimentales, influidos por la filosofía positivista. Brunetière llegaría a decir que «el realismo venía a ser en el arte lo que el positivismo era en la filosofía». En general estos escritores se documentan minuciosamente ya sea sobre el terreno o buscando en los libros la información necesaria para conseguir la exactitud deseada. Los escritores realistas, al querer captar lo real a través de la observación, tendrán como modelo aquello que es motivo de experiencia, por ende, sus novelas reflejarán el ambiente burgués del momento y el de las capas inferiores de la sociedad. Este afán por la fiel recreación de la realidad, por la búsqueda de un contenido objetivo influirá también en la forma, en el estilo narrativo. Se abandonará la retórica ampulosa y grandilocuente del romanticismo, dejando paso a una prosa sobria y detallada que en muchos de los casos derivará en un lenguaje vulgar y coloquial para adaptarse a la realidad de las capas más oprimidas. Veremos más delante de qué manera va a influir lo anteriormente expuesto en la obra de Galdós, puesto que nuestro autor, en su período de formación, leyó con avidez a los novelistas franceses, prestando especial atención a la obra de Balzac y dedicaremos un apartado a analizar la importancia del uso del lenguaje popular en la narrativa galdosiana.

En algunos aspectos, el narrador realista no se limita única y exclusivamente a la reproducción de la realidad, sino que también incluye una intención crítica con respecto a la sociedad, retomándose así la idea de un arte útil en el que la novela no debe ser sólo espejo sino que también ha de causar un efecto social que contribuya al cambio y a la mejora de la sociedad. El naturalismo llevará al extremo algunos de los preceptos del realismo, entre ellos esta idea de la obra de arte subordinada, en cierto modo, a un fin social. Zola, padre de esta tendencia, que pretendía ser una concepción del hombre y un método para estudiar su comportamiento, profesaba ideas socialistas y sus obras poseían una pronunciada tendencia antiburguesa. Esta concepción del hombre que hemos mencionado se basa en dos principios que son el materialismo fisiológico —donde el hombre es visto como un organismo cuya psique se ve reducida a leyes meramente fisiológicas—, y el determinismo, que se apoya a su vez en los pilares del determinismo biológico y ambiental. Como podemos comprobar, los naturalistas desproveían al ser humano prácticamente de libertad al privarle de la posibilidad de proyectarse y de realizarse lejos de influencias ambientales y hereditarias totalmente determinantes. Para ilustrar estas teorías deterministas utilizan personajes marginales, ya pertenecientes a la burguesía o a los estratos más desfavorecidos, locos, alcohólicos, asesinos... y nos hacen ver que su personalidad está sujeta a la obediencia de sus impulsos hereditarios agudizados por un entorno hostil. El hombre nace formando parte de la telaraña, ni siquiera se le permite la posibilidad de caer en ella, y resulta prácticamente imposible escapar de su enredo. Para hacer más real la narración, llevan a sus máximas consecuencias los postulados realistas de documentación y observación rigurosa de la realidad (es sabido que Zola se situaba ante las puertas de una fábrica para coger apuntes destinados a describir la salida de los trabajadores en su novela L´Assommoir) Igualmente se hace más precisa la reproducción del lenguaje hablado, debido a esa necesidad de mostrar al lector esos personajes tan peculiares, muchos de ellos sacados del arroyo, sin educación alguna, se ven obligados a manejar un lenguaje apropiado a estos ambientes, contribuyendo así al estudio del habla popular y coloquial.

Galdós, influenciado por el naturalismo empezó a estudiar, para la creación de algunas de sus novelas, las causas biológicas y ambientales que consideraba factores determinantes en la vida de sus personajes. En su obra *La desheredada* se narra la historia de una muchacha que por motivos de herencia genética y ambientales se ve obligada a prostituirse. El tema de la prostitución ya lo había tratado Zola en *Nana*, obra que tuvo mucho éxito en España y que sin lugar a dudas contribuyó a divulgar las ideas naturalistas entre los españoles ilustrados.

III. La España de Galdós

Si para comprender mejor la obra de todo artista es recomendable conocer la época en la cual vivió, en el caso de Galdós es casi imprescindible, pues su obra es un reflejo conscien-
te, meditado y crítico de los hechos políticos, sociales y
culturales que acontecieron a lo largo de su vida.

La época de Galdós es un período de gran agitación política. Al morir el rey Fernando VII, su mujer, María Cristina,
que era al mismo tiempo su sobrina, asumió la regencia en
nombre de su hija, Isabel II, hasta que ésta fuera mayor de
edad. Fue éste un período de gran trascendencia para la historia de España al producirse en él el tránsito del absolutismo al
liberalismo, cuajándose dentro del liberalismo las dos actitudes políticas que predominarían en la segunda mitad del siglo
XIX, representadas por los moderados y los progresistas. Estas
posturas representaban un gran avance con respecto al Antiguo Régimen aun siendo los moderados un enlace suave entre
el absolutismo y las nuevas ideas liberales. El Partido Mode-
rado defendía el liberalismo doctrinario, basado en la soberanía compartida entre las Cortes y la Corona, detentando esta
última el poder ejecutivo y ejerciendo un poder moderador a
través del derecho de veto. Por el contrario, el Partido Liberal
defendía un liberalismo más radical, reconociendo la soberanía nacional representada en las Cortes. Ambos partidos se
fueron alternando en el poder, tanto en el período de regencia
de María Cristina, como en el reinado de su hija Isabel II hasta su destronamiento en 1868, con motivo de la revolución,
conocida con el nombre de Gloriosa, que se inició en Cádiz
en septiembre de ese mismo año y a la cual Galdós dedicó el
libro *La Fontana de Oro*, ambientado en el Trienio Liberal de
1820-1823 y cargado de profundas y críticas reflexiones,
puesto que, a pesar de su entusiasmo por esta revolución,
temía que los liberales cayeran en el personalismo y en las
desavenencias del pasado y que la revolución de 1868 fraca-
sara como lo hizo la de 1820. Pese a esta actitud de reserva y
crítica, Galdós tenía puestas todas sus esperanzas, y así lo

reflejaba en sus novelas, en la clase media ilustrada, a la cual otorgaba la exclusiva capacidad de solucionar los problemas nacionales. Tras el destronamiento de Isabel II se formó un gobierno provisional presidido por el general Serrano, en el que junto a los unionistas, que pretendían la reconciliación liberal aunando posiciones moderadas y progresistas, había cinco ministros progresistas. Para encauzar la vida política de España se convocaron elecciones a Cortes Constituyentes, que quedaron constituidas el 11 de febrero de 1869. Uno de los principales temas de debate —junto a cuestiones de religión— fue la determinación del tipo de régimen, monarquía o república, optando la mayoría por la monarquía y siendo Amadeo de Saboya elegido rey de España. Pese a todos los esfuerzos, España no encontró la estabilidad política tanto tiempo deseada y de nuevo los partidos empezaron a sucederse en el poder. Unido a esta inestabilidad se encontraba el problema de la guerra carlista y la oposición de los alfonsinos y de los republicanos, que habían derivado de las posiciones más radicales del Partido Progresista. Todo esto provocó la abdicación del rey en febrero de 1873 y la consiguiente proclamación de la Primera República. Los dos siguientes párrafos, el primero perteneciente a la renuncia de Amadeo I y el otro sacado de la respuesta que el Congreso dio ante tal hecho, ilustran la situación política en la que se encontraba España:

Al congreso: «[...] Conozco que me engañó mi buen deseo. Dos años ha que ciño la corona de España, y la España vive en constante lucha. [...] es imposible atinar cuál es la causa verdadera, y más imposible todavía hallar el remedio para tamaños males. Lo he buscado ávidamente dentro de la ley y no lo he hallado. Fuera de la ley no ha de buscarlo quien prometió observarla.

»[...] Éstas son, señores diputados, las razones que me mueven a devolver a la Nación, y en su nombre a vosotros, la corona que me ofreció el voto nacional, haciendo de ella renuncia por mí, por mis hijos y sucesores.»

Respuesta del Congreso:

«[...] Las Cortes declaran unánimemente que V. M. ha sido fiel fidelísimo guardador de los juramentos prestados [...] mérito glorioso, gloriosísimo en esta época de ambiciones y de dictaduras, en que los golpes de Estado y las prerrogativas de la autoridad absoluta atraen a los más humildes [...]. Pero [...] la justicia que hacen a la madurez de sus ideas y a la perseverancia de sus propósitos, impiden a las Cortes rogar a V. M. que vuelva sobre su acuerdo, y las deciden a notificarle que han asumido en sí el poder supremo y la soberanía de la Nación [...].»

Sin embargo la llegada de la República no solucionó la inestabilidad política del país. Durante los once meses de su existencia se sucedieron cuatro presidentes, Figueras, Pi i Margall, Salmerón y Castelar. Como respuesta a esta situación insostenible, el general Pavía puso fin a la Primera República dando un golpe de Estado y asumiendo la presidencia del poder ejecutivo el general Serrano. Éste vio debilitado su poder debido a la insurrección cubana apoyada por los Estados Unidos, y al endurecimiento de la guerra carlista. De esta situación se aprovechó el partido alfonsino, que acabó asegurando la restauración de los Borbones después del levantamiento militar del general Martínez Campos en diciembre de 1874. Un hecho favorable a esta restauración fue el manifiesto suscrito por don Alfonso (Alfonso XII), hijo de Isabel II, en el cual el futuro rey expresaba su fe en la monarquía liberal y sus deseos de hallar la paz. En este período jugó un papel muy importante el jefe del partido alfonsino, Cánovas del Castillo, creando un sistema conciliador, sobre las bases del liberalismo doctrinario, con aquéllos que estuviesen de acuerdo con la nueva monarquía y estableciendo un turno entre dos partidos políticos en el poder, el Partido Conservador encabezado por el mismo Cánovas y el Partido Liberal dirigido por Sagasta, permaneciendo fuera del sistema el Partido Carlista y los partidos republicanos. Este acontecimiento fue determinante en la obra galdosiana, fracasada la revolución de 1898 y restaurada la monarquía, Galdós intuía que España estaba en trance de perpetuar unos comportamientos históricos que ponían en peligro los ideales liberales. Tal fracaso ponía de manifiesto la destrucción de las esperanzas que había depositado nuestro autor en la clase media ilustrada para cambiar el país y que había reflejado en sus novelas anteriores. Esa España, acogedora de los hábitos políticos y morales del Antiguo Régimen, se mostraba en las obras del decenio 1868-1878 incapaz de abrirse a nuevas formas de pensar y encerrada en una beatería caduca. Durante la Restauración se consiguió estabilizar el panorama político pagándose un alto precio, el de salvaguardar los intereses de los componentes de ambos partidos, aristócratas, latifundistas, y la alta burguesía. Pero, por otro lado, se logró acabar con la guerra carlista y con la insurrección cubana. La temprana muerte del rey Alfonso XII dio paso a la regencia de su esposa María Cristina. En este período de regencia se consolidó el sistema canovista, respetando el acuerdo de los turnos entre el Partido Conservador y el Liberal. Pero esa estabilidad política de la que hablábamos antes se vio fuertemente sacudida por el desastre del 98 que supuso para España la perdida de sus últimas colonias y produjo una honda convulsión que hizo tambalear el edificio de la Restauración. Todo empezó con la reanudación de la insurrección cubana, avivada por la intromisión de los Estados Unidos, que apoyaron a los cubanos con armas y dinero, al tiempo que pretendían comprar la isla a España. A este problema se unió el estallido de un movimiento similar en Filipinas, también colonia española. Estos levantamientos se saldaron con la perdida de estas posesiones en diciembre de 1898 en la Paz de París, donde España renunció a Cuba y cedió Filipinas, Guam y Puerto Rico a los Estados Unidos. Este desastre produjo una profunda conmoción nacional, provocando un debate sobre las responsabilidades militares y políticas que sacó a la luz todos los defectos del régimen. Así, la corriente regeneracionista, encabezada por Joaquín Costa, denunció las lacras del sistema y pidió una urgente renovación de la vida política que fuera capaz de solucionar los problemas reales del país. Francisco Silvela, sucesor de Canovas en la jefatura del Partido Conservador, revela en este breve artículo la situación de España tras el desastre:

«Los doctores de la política y los facultativos de cabecera estudiarán, sin duda, el mal; discutirán sobre sus orígenes, su clasificación y sus remedios; pero el más ajeno a la ciencia que preste alguna atención a los asuntos públicos observa este singular estado de España: dondequiera que se ponga el tacto, no se encuentra el pulso.

»Monárquicos, republicanos, conservadores, liberales, todos los que tengan algún interés en que este cuerpo nacional viva, es fuerza que se alarmen y preocupen con tal suceso.

»Se hace la paz, la razón la aconseja, los hombres de sereno juicio no la discuten; pero ella significa nuestro vencimiento, la expulsión de nuestra bandera de las tierras que descubrimos y conquistamos.»

Al terminar el 16 de mayo de 1902 la regencia, María Cristina entregó a Alfonso XIII los poderes que en su nombre había ejercido, siendo su reinado un periodo en el que continuaba vigente el sistema político de la Restauración, dominado por el pesimismo del desastre del 98. El rey trató, con su intervención directa en la vida política, de revitalizar el sistema ante la nueva realidad política y social, ante la corriente crítica que se inició después de lo ocurrido en 1898 y ante el ascenso de las fuerzas políticas y sociales antimonárquicas. Sin embargo no lo consiguió y el régimen entró en una continua y prolongada crisis en la que sus pilares se fueron derrumbando uno a uno.

IV. Galdós, vida y obra

Benito Pérez Galdós nació en 1843 en Las Palmas de Gran Canaria. Estudió en el colegio San Agustín de las Palmas, donde recibió una educación liberal que le marcaría profundamente. Defensor del progreso y de la modernidad, propugnó, desde una perspectiva burguesa que más tarde modificaría, la necesidad de cambiar los hábitos políticos y sociales del Antiguo Régimen. Este talante liberal le enfrentó a la doble herencia de Fernando VII: la monarquía de Isabel II y las guerras carlistas.

Antes de trasladarse a Madrid en 1862 para cursar estudios de Derecho, se entregó a la lectura del *Quijote*, siendo este el libro que más influyera en nuestro autor. Cervantes, junto a Mesonero Romanos, fue su gran modelo literario. En Madrid, más interesado debido a su vocación de escritor realista en descubrir esta ciudad y sus gentes, abandonó pronto sus estudios universitarios. En esta ciudad, Galdós presenció acontecimientos históricos de gran relevancia, como la revuelta estudiantil de la noche de San Daniel, el 10 de abril de 1865, contra las autoridades académicas de la Universidad Central de Madrid, que habían instruido un expediente académico a Emilio Castelar por haber criticado en un artículo a Isabel II y la revolución de septiembre de 1868 contra la monarquía.

Nuestro autor, interesado por la vida cultural de Madrid, visitaba frecuentemente el Ateneo, lo que le permitió entrar en contacto con ilustres políticos, pensadores y literatos de la época de la talla de Castelar, Echegaray, Moret y Giner de los Ríos, y como diría el mismo Galdós en su conferencia *Guía espiritual de España*, representantes todos ellos de «la democracia, del laicismo, de la tolerancia mínima» que él tanto deseaba para el país. Fue en estos años cuando se empapó de la filosofía krausista, que ocupó el centro de la vida académica española desde 1850 al 1875. Cuando en Europa imperaba el positivismo y el rechazo a toda especulación abstracta, en España se acoge el panteísmo de Krause como fórmula sintetizante del idealismo alemán. La filosofía de los krausistas españoles, en lo referente a la realidad social y política, es portadora de una concepción racionalista, liberal (no individualista, sino organicista), reformista por vías de evolución gradual, y principalmente a través de una enseñanza enraizada en una ética que se centra en los valores de tolerancia, libertad, honestidad intelectual, sentido de responsabilidad, dignidad y valor sagrado de la persona. Algunos de los personajes de las novelas de Galdós simpatizaron con esta filosofía; así, por ejemplo, León Roch, el protago-

nista de *La familia de León Roch*, y Máximo Manso, el héroe de
El amigo manso.

De 1865 a 1872, Galdós colaboró en varios periódicos y
dirigió *El debate*. En muchos de sus artículos criticaba la situación literaria española y defendía una concepción de la novela
basada en los principios del realismo. Nuestro autor ya había
leído las obras de grandes autores realistas extranjeros como
Balzac, a quien empezó a leer en 1865, y Dickens, de quien tra-
dujo *Los papeles póstumos del club Pickwick* en 1868. En el
siguiente párrafo, extraído de un artículo titulado «Observaciones sobre la novela contemporánea en España» podemos
observar qué concepción tenía de la novela en ese período:

«Pero la clase media, la más olvidada de nuestros novelistas, es el gran modelo, la fuente inagotable... La novela moderna de costumbres ha de ser la expresión de cuanto bueno y
malo hay en el fondo de esa clase, de la incesante agitación que
la elabora, de ese empeño que manifiesta por encontrar ciertos
ideales y resolver cierto problemas que preocupan a todos, y
conocer el origen y remedio de ciertos males que turban las
familias. La grande aspiración del arte literario de nuestro
tiempo es dar forma a todo esto.»

En las primeras novelas, Galdós se sirve de sus personajes y
de las situaciones novelescas para denunciar las tensiones que
existían en la sociedad española en unos años en los que el país
se enfrentaba al reto histórico de superar las ideas del Antiguo
Régimen y la intolerancia religiosa. Estas obras, cuyo fin último
era el de transmitir la ideología del autor, se denominan «novelas de tesis». En este primer periodo, los protagonistas pertene-
cen a la clase media y poseen un formación científica y liberal
que les capacita para resolver los problemas nacionales. El
esquema se repite una y otra vez, los personajes principales,
jóvenes de ideas avanzadas y de intachable conducta, se enfren-
tan a una sociedad de ideas caducas y a una religiosidad que
representaba la perversión del espíritu cristiano. Los conflictos
de la sociedad son el tema dominante en la narración literaria,
que se limita a ser una excusa para denunciar y advertir de los
problemas políticos y sociales. Así pues, la novela se convierte

en un medio para comunicar una cierta ideología. Estas novelas presentan una gran limitación al tipificarse y sintetizarse en los personajes los problemas que nuestro autor detectaba en la sociedad de su tiempo. Los personajes son simples instrumentos que representan ideologías contrapuestas y no se les permite desarrollarse en su individualidad. La ficción novelesca y el medio social están totalmente mediatizados, y por consecuencia, más que recrear la vida en toda su complejidad se ofrece una representación demasiado esquemática de ella.

Existe, sin embargo, una obra de esta primera etapa, *Marianela*, que presenta unas características diferentes y que, por ello, ha sido considerada como una novela de transición hacia una nuevo modo de novelar. Por primera vez en Galdós la trama se sitúa en un pueblecito minero, describiendo las precarias condiciones de vida del proletariado. La protagonista, Nela, no pertenece a la burguesía, sino que por el contrario vive entre las capas sociales más desfavorecidas. Galdós, se aleja de su obsesión por los héroes de clase media y de su reformismo social convirtiendo en protagonista a una chica pobre y resaltando en ella su belleza espiritual.

El mismo Galdós, tras la publicación de su novela *La desheredada*, en una carta a su amigo Francisco Giner reconocía que esta nueva obra suponía una segunda manera de novelar. La inauguración de este nuevo período, conocido como «novelas contemporáneas», conlleva el distanciamiento del contenido de las novelas de tesis, centrándose ahora en una realidad más inmediata y mucho más viva, donde el lector tiene un mayor margen para emitir sus propios juicios. Los personajes se han liberado del corsé político y ahora poseen una verdad que sólo puede haber sido conferida por un realista de almas, llevado por una agudísima intuición del corazón humano. Galdós, pintor de caracteres, nos retrata con pequeñas pinceladas los rasgos físicos o morales, la indumentaria, los gestos, logrando sumergirnos en el mundo complejo y rico de la vida cotidiana, ayudado por un dominio del arte de caracterizar a sus personajes por su lenguaje. En algunas escenas, la técnica y el estilo de Galdós es de una sorprendente modernidad. En este sentido podríamos destacar la frecuente utilización del monólogo interior, reproduciendo los pensamientos de un personaje, imitando su fluir natural, a veces caótico. Es importante resaltar el uso del humor y la ironía, que utilizará a partir de ahora para distanciarse de sus personajes y desnudarlos ante nosotros. El conjunto de las novelas contemporáneas participa de una unidad común, unidad de época, ambiente, y lo que es más importante, la unidad basada en la repetición de personajes, siguiendo el modelo de la comedia humana de Balzac. A veces un personaje desempeña un papel secundario en una novela, apareciendo en otra como protagonista, ése es el caso de las hermanas Refugio y Amparo Sánchez que en *El doctor centeno* se las menciona de pasada y en *Tormento*, Amparo es la protagonista, y en *La de Bringas*, Refugio ocupa un lugar destacado en una escena decisiva. Otras veces los personajes realizan una función menor en diferentes novelas. Hemos de resaltar el afán de experimentación, de ruptura formal que caracterizó a toda la obra de nuestro novelista. Nunca se plegó ante fórmulas convencionales, cada una de sus novelas suponía una indagación de la realidad, ensayando al mismo tiempo diversas técnicas narrativas.

Hay muchos críticos que, a lo largo de la historia, le han acusado de vulgar, pero quien conoce su obra sabe que defenderle de esta crítica precisa un análisis complejo del alcance del significado del término vulgar en Galdós. Cuando se dice que su obra es vulgar estamos hablando de la vulgaridad de la época que describe, o de la vulgaridad del autor, o de sus personajes o quizá de la vulgaridad de la obra misma. Cierto es, que nuestro autor es maestro de lo vulgar al elevar lo cotidiano a un plano estético. Él creó personajes sacados de ambientes vulgares y pobres que destacaban en su humanidad, su firmeza y su brillantez, sin idealizarlos ni ocultar su vulgaridad. Sin embargo, algunos críticos y literatos no parecen aludir con el término vulgar a esta parcela, sino más bien a su propia persona. A veces incluso en estas críticas se ha llegado a mezclar obra y autor. Azorín dijo refiriéndose a él:

«Vida opaca, gris, uniforme, cotidiana, es la que ha sido pintada por el novelista... gris, opaco, como un comerciante, como un pequeño industrial, como un labrador de pueblo, se nos aparece don Benito en su indumentaria.»

Valle-Inclán le llamaba don Benito «el garbancero» y Unamuno se atrevía a poner en duda su calidad literaria. Pero sin duda alguna, el factor determinante, al referirse a su vulgaridad, es la impresión que de la obra misma se obtiene. Lo primero que tendríamos que hacer es no confundir la vulgaridad que pudiera existir de estilo o de técnica, con la vulgaridad del mundo que reflejan sus novelas. No debemos confundir nunca, como parecen hacer algunos, la pobreza intelectual de Galdós (en el improbable supuesto que esto fuera así) con la precariedad cultural de la España que él describe. Quizá esta grave confusión se debe en parte al estilo peculiar de inmersión en la novela que nuestro escritor utiliza como técnica narrativa. En su obra se le siente como parte integrante de esa vulgaridad, como si respirara junto a sus personajes, como si fuera uno de ellos. Galdós no presenta una actitud de desprecio hacia sus personajes, más bien los trata con simpatía, eso sí, muchas veces aderezada con fuertes dosis de ironía. Esta ironía es muy cervantina, es decir, la ironía es utilizada en la narración y en la descripción, tal y como lo hacía Cervantes. Nuestro autor nos muestra lo que hay, lo que ocurre, lo que ve, no deforma la realidad, pero no es del todo objetivo porque él se introduce como narrador con una sonrisa. No pretende ser un narrador frío y alejado de los acontecimientos, por esto se mantiene junto a sus personajes, como si susurrara, a veces. Con frecuencia, como narrador, introduce una serie de frases coloquiales o modismos y giros que podrían pertenecer a sus personajes más vulgares. En su forma de novelar percibimos que es un hombre, un ser burlón cuya presencia, al leer nunca se olvida. Está siempre ahí con sus chistes, con su lenguaje coloquial que nos choca al provenir de la figura del narrador.

El narrador llega a introducirse tanto en la situación, que termina por ser un personaje más, lo que nos lleva a que don Benito forme parte como personaje en su obra. Da la impresión de que ve y narra dentro de la novela misma. Lo característico de Galdós es que al contar la historia se dirige a nosotros con un tono cordial, como si estuviera describiendo a amigos y comenta sobre ellos como lo haría si en vez de ser personajes fueran reales. Lo que logra con su peculiar estilo narrativo lo expresó muy claramente Antonio Sánchez Barbudo:

«Un cuadro muy real, la creación de caracteres entrañables, una excelente novela en suma; aunque a causa de su estilo muchas veces produzca una impresión de vulgaridad. Mas con ese personal estilo, con esa cercanía del autor respecto a sus personajes, con ese modo de describirlos, la imagen que Galdós nos ofrece de la realidad, una realidad en la que él ha ahondado, que ha desvelado, no parece una imagen única, fija ya para siempre por la magia del estilo impersonal, como en otros autores, imagen inalterable como el ojo divino que la completa, sino que por el contrario es una realidad fluyente e indeterminada, variable como el espectador, mudable como la vida misma.»

Esta técnica permite al lector pensar que esos personajes poseen una vida fuera de los límites literarios. Con frecuencia, Galdós nos muestra los pensamientos íntimos de un personaje y seguidamente, ya desde el exterior, lo observa y nos comenta algo. Lo innovador en él es observar y comentar desde el plano mismo en que ese personaje se encuentra, con ello consigue no desentonar, utilizando un lenguaje similar al que el personaje usa en su monólogo interior. Cuando nos describe a un personaje utilizando expresiones coloquiales o al burlarse de uno de ellos como lo haría otro personaje nos introduce de una manera más profunda en la historia; ya que esta técnica permite que sintamos, de una forma más cercana, el dramático contraste que se produce en la realidad, entre lo que uno piensa y siente y lo que los que te rodean piensan de ti. Esta capacidad para expresar esa escisión entre la visión externa y cruel de la cara de los míseros personajes de estas novelas y la visión interna del fondo de sus almas, llenas de piedad y de amor, nos revela a nuestro autor como uno de los grandes novelistas españoles.

En la década de 1890, Galdós desconfiaba plenamente de la capacidad revolucionaria de la burguesía que se había instalado en el poder con la complicidad de la Iglesia, la oligarquía y el ejército. Éste es el motivo por el cual a partir de 1890 se percibe una inclinación hacia temas de índole espiritual. Esta tendencia espiritual ya se anunciaba en novelas como *Fortunata y Jacinta* y *Miau*, y se desarrolló plenamente en *Ángel Guerra*, *Nazarín*, *Halma* y *Misericordia*. El ámbito político y social va a verse sustituido por el religioso, el héroe de la libertad política se transformará en el abanderado de la espiritualidad. Estos nuevos héroes galdosianos defienden la ruptura con la Iglesia oficial y la instauración de los preceptos más elementales y esenciales del cristianismo.

Nuestro autor no pudo disfrutar, durante los últimos años de su vida, de la tolerancia y del bienestar social que él siempre había defendido. Ciego, viejo y con grandes apuros económicos se enfrentó a la muerte y al desprecio de muchos. Su enemistad con los sectores más reaccionarios de la época le supuso toda suerte de presiones contra su candidatura al Premio Nobel de Literatura. En 1914 fue organizado un homenaje nacional en su honor para intentar recaudar dinero, confiando así, en poder de ese modo asegurarle un vejez digna, pero este proyecto apenas prosperó. Galdós murió un frío 4 de enero en su casa, solo y prácticamente olvidado.

V. *Marianela*

Esta obra, como ya hemos visto en el análisis general de la obra galdosiana, supone un cambio con respecto a las novelas de tesis. Galdós nos presenta una temática diferente y unos cambios técnicos considerables, que hacen que *Marianela* se distancie de las obras del primer período. Marianela, más conocida como Nela, es una muchacha pobre, fea y abandonada, hija de una alcohólica que se había suicidado. Nuestra heroína sirve de lazarillo a un chico ciego, Pablo, del cual se enamora.

Al recobrar Pablo la vista repudia a Nela, hecho que desencadena un final trágico.

Nuestro autor introduce un determinismo fisiológico y social que anticipa su forma posterior de entender el naturalismo, sin renunciar por ello al idealismo, al defender la necesidad, muy quijotesca, de creer en la fantasía y de intentar conseguir realidades imaginarias, que se nos presentan tanto o más reales que las que están aparentemente a nuestro alcance. Esta nueva perspectiva mina los cimientos sobre los que había asentado el maniqueísmo de sus primeras obras.

Marianela es el personaje más real y más viviente de la novela. Todos los demás personajes parecen discurrir en torno a ella, apareciendo en la obra, no para vivir, sino para existir en función de Nela y de la ceguera de Pablo. Viven una especie de vida refleja, proviniente de la de Marianela, también el propio Pablo, y hacen patentes su vivir únicamente hablando, no viviendo en la novela. Por este motivo, y exceptuando a Nela, todos nos transmiten la sensación de ser creaciones literarias que no poseen una continuidad o un antes de la novela, cosa que no va a ocurrir en sus novelas posteriores, donde Galdós va a proporcionándonos complejas porciones de vida en las que cada personaje parece tener su propio aliento.

MARIANELA

1

PERDIDO

Se puso el sol. Tras el breve crepúsculo vino tranquila y oscura la noche, en cuyo negro seno murieron poco a poco los últimos rumores de la tierra soñolienta, y el viajero siguió adelante en su camino, apresurando su paso a medida que avanzaba la noche. Iba por angosta vereda, de esas que sobre el césped traza el constante pisar de hombres y brutos, y subía sin cansancio por un cerro, en cuyas vertientes se alzaban pintorescos grupos de guindos, hayas y robles. (Ya se ve que estamos en el Norte de España).

Era un hombre de mediana edad, de complexión recia, buena talla, ancho de espaldas, resuelto de ademanes, firme de andadura, basto de facciones, de mirar osado y vivo, ligero, a pesar de su regular obesidad, y (dígase de una vez, aunque sea prematuro) excelente persona por doquiera que se le mirara. Vestía el traje propio de los señores acomodados que viajan en verano, con el redondo sombrerete, que debe a su fealdad el nombre de hongo; gemelos de campo pendientes de una correa, y grueso bastón que, entre paso y paso, le servía para apalear las zarzas cuando extendían sus ramas llenas de afiladas unas para atraparle la ropa.

Detúvose, y mirando a todo el círculo del horizonte, parecía impaciente y desasosegado. Sin duda no tenía gran confianza en la exactitud de su itinerario, y aguardaba el paso de algún aldeano que le diese buenos informes topográficos para llegar pronto y derechamente a su destino.

«No puedo equivocarme —murmuró—. Me dijeron que atravesara el río por la pasadera... Así lo hice. Después, que marchara adelante, siempre adelante. En efecto; allá, detrás de mí, queda esa apreciable villa, a quien yo llamaría *Villafangosa* por el buen surtido de lodos que hay en sus calles y caminos... De modo que por aquí, adelante, siempre adelante... (me gusta esta frase, y si yo tuviera escudo, no le pondría otra divisa); he de llegar a las famosas minas de Socartes.»

Después de andar largo trecho, añadió:

«Me he perdido, no hay duda de que me he perdido... Aquí tienes, Teodoro Golfín, el resultado de tu adelante, siempre adelante. Estos palurdos no conocen el valor de las palabras. O han querido burlarse de ti, o ellos mismos ignoran dónde están las minas de Socartes. Un gran establecimiento minero ha de anunciarse con edificios, chimeneas, ruido de arrastres, resoplido de hornos, relincho de caballos, trepidación de máquinas, y yo no veo, ni huelo, ni oigo nada... Parece que estoy en un desierto... ¡Qué soledad! Si yo creyera en brujas, pensaría que mi destino me proporcionaba esta noche el honor de ser presentado a ellas... ¡Demonio!, ¿pero no hay gente en estos lugares?... Aún falta media hora para la salida de la luna. ¡Ah, bribona, tú tienes la culpa de mi extravío!... Si al menos pudiera conocer el sitio donde me encuentro... ¡Pero qué más da! —al decir esto hizo un gesto propio del hombre esforzado que desprecia los peligros—. Golfín, tú que has dado la vuelta al mundo, ¿te acobardarás ahora?... ¡Ah!, los aldeanos tenían razón: adelante, siempre adelante. La ley universal de la locomoción no puede fallar en este momento.»

Y puesta denodadamente en ejecución aquella osada ley, recorrió un kilómetro, siguiendo a capricho las veredas que le salían al paso y se cruzaban y se quebraban en ángulos mil, cual si quisiesen engañarle y confundirle más.

Por grandes que fueran su resolución e intrepidez, al fin tuvo que pararse. Las veredas, que al principio subían, luego empezaron a bajar, enlazándose; y al fin, bajaron tanto, que nuestro viajero hallose en un talud, por el cual sólo habría podido descender echándose a rodar.

«¡Bonita situación! —exclamó, sonriendo y buscando en su buen humor lenitivo a la enojosa contrariedad—. ¿En dónde estás, querido Golfín? Esto parece un abismo. ¿Ves algo allá abajo? Nada, absolutamente nada..., pero el césped ha desaparecido, el terreno está removido. Todo es aquí pedrusco y tierra sin vegetación, teñida por el óxido de hierro... Sin duda estoy en las minas...; pero ni alma viviente, ni chimeneas humeantes, ni ruido, ni un tren que murmure a lo lejos, ni siquiera un perro que ladre... ¿Qué haré? Hay por aquí una vereda que vuelve a subir. ¿Seguirela? ¿Desandaré lo andado?... ¡Retroceder! ¡Qué absurdo! O yo dejo de ser quien soy, o llegaré esta noche a las minas de Socartes y abrazaré a mi querido hermano. Adelante, siempre adelante.»

Dio un paso, y hundiose en la frágil tierra movediza.

«¿Esas tenemos, señor planeta?... ¿Conque quiere usted tragarme?... Si ese holgazán satélite quisiera alumbrar un poco, ya nos veríamos las caras usted y yo... Y a fe que por aquí abajo no hemos de ir a ningún paraíso. Parece esto el cráter de un volcán apagado... Hay que andar suavemente por tan delicioso precipicio. ¿Qué es esto? ¡Ah!, una piedra. Magnífico asiento para echar un cigarro esperando a que salga la luna.»

El discreto Golfín se sentó tranquilamente, como podría haberlo hecho en el banco de un paseo; y ya se disponía a fumar, cuando sintió una voz... Sí, indudablemente era una voz humana que lejos sonaba, un quejido patético, mejor dicho, melancólico canto, formado de una sola frase, cuya última cadencia se prolongaba apianándose en la forma que los músicos llamaban morendo, y que se apagaba al fin en el plácido silencio de la noche, sin que el oído pudiera apreciar su vibración postrera.

«Vamos —dijo el viajero, lleno de gozo—, humanidad tenemos. Ese es el canto de una muchacha; sí, es voz de mujer, y voz preciosísima. Me gusta la música popular de este país. Ahora calla... Oigamos, que pronto ha de volver a empezar... Ya, ya suena otra vez. ¡Qué voz tan bella, qué melodía tan conmovedora! Creeríase que sale de las profundidades de la tierra y que el señor de Golfín, el hombre más serio y menos supersticioso del mundo, va a andar en tratos ahora con los silfos, ondinas, gnomos, hadas, y toda la chusma emparentada con la loca de la casa...; pero si no me engaña el oído la voz se aleja... La graciosa cantadora se va. ¡Eh, niña, aguarda, detén el paso!»

La voz que durante breve rato había regalado con encantadora música el oído del hombre extraviado se iba perdiendo en la inmensidad tenebrosa, y a los gritos de Golfín, el canto extinguiose por completo. Sin duda, la misteriosa entidad gnómica que entretenía su soledad subterránea cantando tristes amores se había asustado de la brusca interrupción del hombre, huyendo a las hondas entrañas de la tierra, donde moran, avaras de sus propios fulgores, las piedras preciosas.

«Esta es una situación divina —murmuró Golfín, considerando que no podía hacer mejor cosa que dar lumbre a su cigarro—. No hay mal que cien años dure. Aguardemos fumando. Me he lucido con querer venir solo y a pie a las minas. Mi equipaje habrá llegado primero, lo que prueba de un modo irrebatible las ventajas del adelante, siempre adelante.»

Moviose entonces ligero vientecillo, y Teodoro creyó sentir pasos lejanos en el fondo de aquel desconocido o supuesto abismo que ante sí tenía. Puso atención, y no tardó en adquirir la certeza de que alguien andaba por allí. Levantándose, gritó:

—¡Muchacha, hombre o quienquiera que seas!, ¿se puede ir por aquí a las minas de Socartes?

No había concluido, cuando oyose el violento ladrar de un perro, y después una voz de hombre, que dijo:

—¡*Choto, Choto,* ven aquí!

¡Eh! —gritó el viajero—. ¡Buen amigo, muchacho de todos los demonios, o lo que quiera que seas, sujeta pronto ese perro, que yo soy hombre de paz!

—¡*Choto, Choto!*

Vio Golfín que se le acercaba un perro negro y grande; mas el animal, después de gruñir junto a él, retrocedió, llamado por su amo. En tal punto y momento el viajero pudo distinguir una figura, un hombre que, inmóvil y sin expresión, cual muñeco de piedra, estaba en pie a distancia como de diez varas, más abajo de él, en una vereda transversal que aparecía irregularmente trazada por todo lo largo del talud. Este sendero y la humana figura detenida en él llamaron vivamente la atención de Golfín, que, dirigiendo gozosa mirada al cielo, exclamo:

—¡Gracias a Dios! Al fin sale esa loca. Ya podemos saber dónde estamos. No sospechaba yo que tan cerca de mí existiera esta senda. ¡Pero si es un camino!... ¡Hola, amiguito!, ¿puede usted decirme si estoy en Socartes?

—Sí, señor; estas son las minas, aunque estamos un poco lejos del establecimiento.

La voz que esto decía era juvenil y agradable, y resonaba con las simpáticas inflexiones que indican una disposición a prestar servicios con buena voluntad y cortesía. Mucho gustó al doctor oírla, y más aun observar la dulce claridad que, difundiéndose por los espacios antes oscuros, hacía revivir cielo y tierra, cual si los sacara de la nada.

Fiat lux —dijo, descendiendo—. Me parece que acabo de salir del caos primitivo. Ya estamos en la realidad... Bien, amiguito: doy a usted gracias por las noticias que me ha dado y las que aún ha de darme... Salí de Villamojada al ponerse el sol. Dijéronme que adelante, siempre adelante.

—¿Va usted al establecimiento? —preguntó el misterioso joven, permaneciendo inmóvil y rígido, sin mirar al doctor, que ya estaba cerca.

—Sí, señor; pero, sin duda, equivoqué el camino.

—Esta no es la entrada de las minas. La entrada es por la pasadera de Rabagones, donde está el camino y el ferrocarril en construcción. Por allá hubiera usted llegado en diez minutos al establecimiento. Por aquí tardaremos más, porque hay bastante distancia y muy mal camino. Estamos en la última zona de explotación, y hemos de atravesar algunas galerías y túneles, bajar escaleras, pasar trincheras, remontar taludes, descender el plano inclinado; en fin, recorrer todas las minas de Socartes desde un extremo, que es este, hasta el otro extremo donde están los talleres, los hornos, las máquinas, el laboratorio y las oficinas.

—Pues a fe mía que ha sido floja mi equivocación —dijo Golfín, riendo.

—Yo le guiaré a usted con mucho gusto, porque conozco estos sitios perfectamente.

Golfín, hundiendo los pies en la tierra, resbalando aquí y baileteando más allá, tocó, al fin, el benéfico suelo de la vereda, y su primera acción fue examinar al bondadoso joven. Breve rato permaneció el doctor dominado por la sorpresa.

—Usted... —murmuró.

—Soy ciego, sí, señor —añadió el joven—; pero sin vista sé recorrer de un cabo a otro las minas. El palo que uso me impide tropezar, y *Choto* me acompaña, cuando no lo hace la Nela, que es mi lazarillo. Conque sígame usted y déjese llevar.

2

GUIADO

—¿Ciego de nacimiento? —dijo Golfín con vivo interés, que no era sólo inspirado por la compasión.

—Sí, señor, de nacimiento —repuso el ciego con naturalidad—. No conozco el mundo más que por el pensamiento, el tacto y el oído. He podido comprender que la parte más maravillosa del Universo es esa que me está vedada. Yo sé que los ojos de los demás no son como estos míos, sino que por sí conocen las cosas, pero este don me parece tan extraordinario, que ni siquiera comprendo la posibilidad de poseerlo.

—Quién sabe... —manifestó Teodoro—. Pero ¿qué es esto que veo, amigo mío? ¿Qué sorprendente espectáculo es este?

El viajero, que había andado algunos pasos junto a su guía, se detuvo, asombrado de la perspectiva fantástica que a sus ojos se ofrecía. Hallábase en un lugar hondo, semejante al cráter de un volcán, de suelo irregular, de paredes más irregulares aún. En los bordes y en el centro de la enorme caldera, cuya magnitud era aumentada por el engañoso claroscuro de la noche, se elevaban figuras colosales, hombres disformes, monstruos volcados y patas arriba, brazos inmensos desperezándose, pies truncados, dispersas figuras semejantes a las que forma el caprichoso andar de las nubes en el cielo; pero quietas, inmóviles, endurecidas. Era su color el de las momias, color terreso tirando a rojo; su actitud, la del movimiento febril sorprendido y atajado por la muerte. Parecía la petrificación de una orgía de gigantescos demonios, sus manotadas, los burlones movimientos de sus disformes cabezas habían quedado fijos como las inalterables actitudes de la escultura. El silencio que llenaba el ámbito del supuesto cráter era un silencio que

31

daba miedo. Creeríase que mil voces y aullidos habían quedado también hechos piedra, y piedra eran desde siglos de siglos.

—¿En dónde estamos, buen amigo? —dijo Golfín—. Esto es una pesadilla.

—Esta zona de la mina se llama la Terrible —repuso el ciego, indiferente al estupor de su compañero de camino—. Ha estado en explotación hasta que hace dos años se agotó el mineral. Hoy los trabajos se hacen en otras zonas que hay más arriba. Lo que a usted le maravilla son los bloques de piedra que llaman cretácea y de arcilla ferruginosa endurecida que han quedado después de sacado el mineral. Dicen que esto presenta un golpe de vista sublime, sobre todo a la luz de la luna. Yo de nada de eso entiendo.

—Espectáculo asombroso, sí —dijo el forastero, deteniéndose en contemplarlo—, pero que a mí antes me causa espanto que placer, porque lo asocio al recuerdo de mis neuralgias. ¿Sabe usted lo que me parece? Pues que estoy viajando por el interior de un cerebro atacado de violentísima jaqueca. Estas figuras son como las formas perceptibles que afecta el dolor cefalálgico, confundiéndose con los terroríficos bultos y sombrajos que engendra la fiebre.

—¡*Choto, Choto,* aquí! —dijo el ciego—. Caballero, mucho cuidado ahora, que vamos a entrar en una galería.

En efecto, Golfín vio que el ciego, tocando el suelo con su palo, se dirigía hacia una puertecilla estrecha cuyo marco eran tres gruesas vigas.

El perro entró primero olfateando la negra cavidad. Siguiole el ciego con la impavidez de quien vive en perpetuas tinieblas. Teodoro fue detrás, no sin experimentar cierta repugnancia instintiva hacia la importuna excursión bajo la tierra.

—Es pasmoso —observó— que usted entre y salga por aquí sin tropiezo.

—Me he criado en estos sitios —contestó el joven— y los conozco como mi propia casa. Aquí se siente frío: abríguese usted si tiene con qué. No tardaremos mucho en salir.

Iba palpando con su mano derecha la pared, formada de vigas perpendiculares. Después dijo:

Cuide usted de no tropezar en los carriles que hay en el suelo. Por aquí se arrastra el mineral de las pertenencias de arriba. ¿Tiene usted frío?

—Diga usted, buen amigo —interrogó el doctor festivamente—. ¿Está usted seguro de que no nos ha tragado la tierra? Este pasadizo es un esófago. Somos pobres bichos que hemos caído en el estómago de un gran insectívoro. ¿Y usted, joven, se pasea mucho por estas amenidades?

—Mucho paseo por aquí a todas horas, y me agrada extraordinariamente. Ya hemos entrado en la parte más seca. Esto es arena pura... Ahora vuelve la piedra... Aquí hay filtraciones de agua sulfurosa; por aquí una capa de tierra, en que se encuentran conchitas de piedras... También verá capas de pizarra: esto llaman esquistos... ¿Oye usted cómo canta el sapo? Ya estamos cerca de la boca. Allí se pone ese holgazán todas las noches. Le conozco: tiene una voz ronca y pausada.

—¿Quién, el sapo?

—Sí, señor. Ya nos acercamos al fin.

—En efecto; allá veo como un ojo que nos mira. Es la claridad de la otra boca.

Cuando salieron, el primer accidente que hirió los sentidos del doctor fue el canto melancólico que había oído antes. Oyolo también el ciego, volviose bruscamente, y dijo sonriendo con placer y orgullo:

—¿La oye usted?

—Antes oí esa voz y me agradó sobre manera. ¿Quién es la que canta?...

En vez de contestar, el ciego se detuvo, y dando al viento la voz con toda la fuerza de sus pulmones, gritó:

—¡Nela!... ¡Nela!

Ecos sonoros, próximos los unos, lejanos otros, repitieron aquel nombre. El ciego, poniéndose las manos en la boca en forma de bocina, gritó:

—No vengas, que voy allá. ¡Espérame en la herrería... en la herrería!

Después, volviéndose al doctor, le dijo:

—La Nela es una muchacha que me acompaña, es mi lazarillo. Al anochecer volvíamos juntos del prado grande..., hacía un poco de fresco. Como mi padre me ha prohibido que ande de noche sin abrigo, metime en la cabaña de Remolinos, y la Nela corrió a mi casa a buscarme el gabán. Al poco rato de estar en la cabaña acordeme de que un amigo había quedado en esperarme en casa; no tuve paciencia para aguardar a la Nela, y salí con *Choto*. Pasaba por la Terrible, cuando le encontré a usted... Pronto llegaremos a la herrería. Allí nos separaremos, porque mi padre se enoja cuando entro tarde en casa. Nela le acompañará a usted hasta las oficinas.

—Muchas gracias, amigo mío.

El túnel les había conducido a un segundo espacio más singular que el anterior. Era una profunda grieta abierta en el terreno, a semejanza de las que resultan de un cataclismo; pero no había sido abierta por las palpitaciones fogosas del planeta, sino por el laborioso azadón del minero. Parecía el interior de un gran buque náufrago, tendido sobre la playa y a quien las olas hubieran quebrado por la mitad doblándole en un ángulo obtuso. Hasta se podían ver sus descarnados costillajes cuyas puntas coronaban en desigual fila una de las alturas. En la concavidad panzuda distinguíanse grandes piedras, como restos de carga maltratados por las olas; y era tal la fuerza pictórica del claroscuro de la luna, que Golfín creyó ver, entre mil despojos de cosas náuticas, cadáveres medio devorados por los peces, momias, esqueletos, todo muerto, dormido, semidescompuesto y profundamente tranquilo, cual si por mucho tiempo morara en la inmensa sepultura del mar.

La ilusión fue completa cuando sintió rumor de agua, un chasquido semejante al de las olas mansas cuando juegan en los huecos de una peña o azotan el esqueleto de un buque náufrago.

—Por aquí hay agua —dijo a su compañero.

—Ese ruido que usted siente —replicó el ciego, deteniéndose—, y que parece... ¿Cómo lo diré? ¿No es verdad que parece ruido de gárgaras, como el que hacemos cuando nos curamos la garganta?

—Exactamente. ¿Y donde está ese buche de agua? ¿Es algún arroyo que pasa?

—No, señor. Aquí, a la izquierda, hay una loma. Detrás de ella se abre una gran roca, una sima, un abismo cuyo fin no se sabe. Se llama la Trascava. Algunos creen que va a dar al mar por junto a Ficóbriga. Otros dicen que por el fondo de él corre un río que está siempre dando vueltas y más vueltas, como una rueda, sin salir nunca fuera. Yo me figuro que será como un molino. Algunos dicen que hay allá abajo un resoplido de aire que sale de las entrañas de la tierra, como cuando silbamos, el cual resoplido de aire choca contra un raudal de agua, se ponen a reñir, se engarran; se enfurecen y producen ese hervidero que oímos de fuera.

—¿Y nadie ha bajado a esa sima?

—No se puede bajar sino de una manera.

—¿Cómo?

—Arrojándose a ella. Los que han entrado no han vuelto a salir y es lástima, porque nos hubieran dicho qué pasaba allá dentro. La boca de esa caverna hállase a bastante distancia de nosotros; pero hace dos años, cavando los mineros en este sitio, descubrieron una hendidura en la peña, por la cual se oye el mismo hervor de agua que por la boca principal. Esta hendidura debe comunicar con las galerías de allá dentro, donde está el resoplido que sube y el chorro que baja. De día podrá usted verla perfectamente, pues basta enfilar un poco las piedras del lado izquierdo para llegar hasta ella. Hay un asiento cómodo. Algunas personas tienen miedo de acercarse; pero la Nela y yo nos sentamos allí muy a menudo a oír cómo resuena la voz del abismo. Y efectivamente, señor, parece que nos hablan al oído. La Nela dice y jura que oye palabras, que las distingue claramente. Yo, la verdad, nunca he oído palabras, pero sí un murmullo como soliloquio o meditación, que a veces parece triste, a veces alegre, tan pronto colérico como burlón.

—Pues yo no oigo sino ruido de gárgaras —dijo el doctor, riendo.

—Así parece desde aquí... Pero no nos retrasemos, que es tarde. Prepárese usted a pasar otra galería.

—¿Otra?

—Sí, señor. Y esta, al llegar a la mitad, se divide en dos. Hay después un laberinto de vueltas y revueltas, porque se hicieron obras que después quedaron abandonadas, y aquello está como Dios quiere. *Choto*, adelante.

Choto se metió por un agujero como hurón que persigue al conejo, y siguiéronle el doctor y su guía, que tentaba con su palo el torcido, estrecho y lóbrego camino. Nunca el sentido del tacto había tenido más delicadeza y finura, prolongándose desde la epidermis humana hasta un pedazo de madera insensible. Avanzaron describiendo primero una curva: después ángulos y más ángulos, siempre entre las dos paredes de tablones húmedos y medio podridos.

—¿Sabe usted a lo que me parece esto? —dijo el doctor, reconociendo que los símiles agradaban a su guía—. Pues lo comparo a los pensamientos del hombre perverso. Aquí se representa la intuición del malo cuando penetra en su conciencia para verse en toda su fealdad.

Creyó Golfín que se había expresado en lenguaje poco inteligible para el ciego, mas este probole lo contrario diciendo:

—Para el que posee el reino desconocido de la luz, estas galerías deben ser tristes, pero yo, que vivo en tinieblas, hallo aquí cierta conformidad de la tierra con mi propio ser. Yo ando por aquí como usted por la calle más ancha. Si no fuera porque unas veces es escaso el aire y otras excesiva la humedad, preferiría estos lugares subterráneos a todos los demás lugares que conozco.

—Esto es la idea de la meditación.

—Yo siento en mi cerebro un paso, un agujero lo mismo que éste por donde voy, y por él corren mis ideas, desarrollándose magníficamente.

—¡Oh, cuán lamentable cosa es no haber visto nunca la bóveda azul del cielo en pleno día! —exclamó el doctor con espontaneidad suma—. Dígame, este conducto donde las ideas de usted se desarrollan magníficamente, ¿no se acaba nunca?

—Ya, ya pronto estaremos fuera. ¿Dice usted que la bóveda del cielo...? ¡Ah! Ya me figuro que será una concavidad armoniosa, a la cual parece que podremos alcanzar con las manos, sin lograrlo realmente.

Al decir esto salieron. Golfín, respirando con placer y fuerza, como el que acaba de soltar un gran peso, exclamó mirando al cielo:

—¡Gracias a Dios que os vuelvo a ver, estrellitas del firmamento! Nunca me habéis parecido más lindas que en este instante.

—Al pasar —dijo el ciego, alargando su mano, que mostraba una piedra— he cogido este pedazo de caliza cristalizada. ¿Sostendrá usted que estos cristalitos que mi tacto halla tan bien cortados, finos y bien pegaditos los unos a los otros no son una cosa muy bella? Al menos, a mí me lo parece.

Diciéndolo, desmenuzaba los cristales.

—Amigo querido —dijo Golfín con emoción y lástima— es verdaderamente triste que usted no pueda conocer que ese pedrusco no merece la atención del hombre mientras esté suspendido sobre nuestras cabezas el infinito rebaño de maravillosas luces que pueblan la bóveda del cielo.

El ciego volvió su rostro hacia arriba y dijo con profunda tristeza:

—¿Es verdad que existís, estrellas?

—Dios es inmensamente grande y misericordioso —observó Golfín, poniendo su mano sobre el hombro de su acompañante—. ¡Quién sabe, quién sabe, amigo mío!... Se han visto, se ven todos los días casos muy raros.

Mientras esto decía, mirábale de cerca, tratando de examinar, a la escasa claridad de la noche, las pupilas del joven. Fijo y sin mirada, el ciego volvía, sonriendo su rostro hacia donde sonaba la voz del doctor.

—No tengo esperanza —murmuró.

Habían salido a un sitio despejado. La luna, más clara a cada rato, iluminaba praderas ondulantes y largos taludes, que parecían las escarpas de inmensas fortificaciones. A la izquierda, y a regular altura, vio el doctor un grupo de blancas casas en el mismo borde de la vertiente.

—Aquí, a la izquierda, dijo el ciego, está mi casa. Allá arriba..., ¿sabe usted? Aquellas tres casas es lo que queda del lugar de Aldeacorba de Suso; lo demás ha sido expropiado en diversos años para beneficiar el terreno; todo aquí debajo es calamina. Nuestros padres vivían sobre miles de millones sin saberlo.

Esto decía, cuando se vino corriendo hacia ellos una muchacha, una niña, una chicuela, de ligerísimos pies y menguada de estatura.

—Nela, Nela —dijo el ciego—, ¿me traes el abrigo?

—Aquí está —repuso la muchacha, poniéndole un capote sobre los hombros.

—¿Esta es la que cantaba?... ¿Sabes que tienes una preciosa voz?

—¡Oh! —exclamó el ciego, con candoroso acento de encomio—, canta admirablemente. Ahora, Mariquilla, vas a acompañar a este caballero hasta las oficinas. Yo me quedo en casa. Ya siento la voz de mi padre que baja a buscarme. Me reñirá, de seguro... ¡Allá voy, allá voy!

—Retírese usted pronto, amigo —dijo Golfín, estrechándole la mano—. El aire es fresco y puede hacerle daño. Muchas gracias por la compañía. Espero que seremos amigos, porque estaré aquí algún tiempo... Yo soy hermano de Carlos Golfín, el ingeniero de estas minas.

—¡Ah!..., ya... Don Carlos es muy amigo de mi padre y mío; le espera a usted desde ayer.

—Llegué esta tarde a la estación de Villamojada... dijéronme que Socartes estaba cerca y que podía venir a pie. Como me gusta ver el paisaje y hacer ejercicio, y como me dijeron que adelante, siempre adelante, eché a andar, mandando mi equipaje en un carro. Ya ve usted cuán tontamente me perdí... Pero no hay mal que por bien no venga... le he conocido a usted, y seremos amigos, quizás muy amigos... Vaya, adiós; a casa pronto, que el fresco de septiembre no es bueno. Esta señorita Nela tendrá la bondad de acompañarme.

—De aquí a las oficinas no hay más que un cuarto de hora de camino..., poca cosa... Cuidado no tropiece usted en los raíles, cuidado al bajar el plano inclinado. Suelen dejar las vagonetas sobre la vía... y con la humedad, la tierra está como jabón... Adiós, caballero y amigo mío. Buenas noches.

Subió por una empinada escalera abierta en la tierra, y cuyos peldaños estaban reforzados con vigas. Golfín siguió adelante, guiado por la Nela. Lo que hablaron, ¿merecerá capítulo aparte? Por si acaso, se lo daremos.

3

UN DIÁLOGO QUE SERVIRÁ DE EXPOSICIÓN

—Aguarda, hija, no vayas tan aprisa —dijo Golfín, deteniéndose—; déjame encender un cigarro.

Estaba tan serena la noche, que no necesitó emplear las precauciones que, generalmente, adoptan contra el viento los fumadores. Encendido el cigarro, acercó la cerilla al rostro de la Nela, diciendo con bondad:

—A ver, enséñame tu cara.

Mirábale, asombrada, la muchacha, y sus negros ojuelos brillaron como un punto rojizo, como chispa, en el breve instante que duró la luz del fósforo. Era como una niña, pues su estatura debía contarse entre las más pequeñas, correspondiendo a su talle delgadísimo y a su busto mezquinamente constituido. Era como una jovenzuela, pues sus ojos no tenían el mirar propio de la infancia, y su cara revelaba la madurez de un organismo que ha entrado o debido entrar en el juicio. A pesar de esta disconformidad, era admirablemente proporcionada, y su belleza chica remataba con cierta gallardía el miserable cuerpecillo. Alguien la definía mujer mirada con vidrio de disminución, alguno, como una niña con ojos y expresión de adolescente. No conociéndola, se dudaba si era un asombroso progreso o un deplorable atraso.

—¿Qué edad tienes tú? —preguntóle Golfín, sacudiendo los dedos para arrojar el fósforo, que empezaba a quemarle.

—Dicen que tengo dieciséis años —replicó la Nela, examinando a su vez al doctor.

—¡Dieciséis años! Atrasadilla estás, hija. Tu cuerpo es de doce, a lo sumo.

—¡Madre de Dios! Si dicen que yo soy como un fenómeno... —manifestó ella en tono de lástima de sí misma.

—¡Un fenómeno! —repitió Golfín, poniendo su mano sobre los cabellos de la chica—. Podrá ser. Vamos, guíame.

Comenzó a andar la Nela resueltamente, sin adelantarse mucho, antes bien, cuidando de ir siempre al lado del viajero, como si apreciara en todo su valor la honra de tan noble compañía. Iba descalza: sus pies, ágiles y pequeños, denotaban familiaridad consuetudinaria con el suelo, con las piedras, con los charcos, con los abrojos. Vestía una falda sencilla y no muy larga, denotando en su rudimentario atavío, así como en la libertad de sus cabellos sueltos y cortos, rizados con nativa elegancia, cierta independencia más propia del salvaje que del mendigo. Sus palabras, al contrario, sorprendieron a Golfín por lo recatadas y humildes, dando indicios de un carácter formal y reflexivo. Resonaba su voz con simpático acento de cortesía, que no podía ser hijo de la educación; sus miradas eran fugaces y momentáneas, como no fueran dirigidas al suelo o al cielo.

—Dime —le preguntó Golfín—, ¿vives tú en las minas? ¿Eres hija de algún empleado de esta posesión?

—Dicen que no tengo padre ni madre.

—¡Pobrecita! Tú trabajarás en las minas.

—No, señor. Yo no sirvo para nada —replicó, sin alzar del suelo los ojos.

—Pues a fe que tienes modestia.

Teodoro se inclinó para mirarle el rostros. Este era delgado, muy pecoso, todo salpicado de manchitas parduscas. Tenía pequeña la frente, picudilla y no falta de gracia la nariz, negros y vividores los ojos, pero comúnmente brillaba en ellos una luz de tristeza. Su cabello, dorado oscuro, había perdido el hermoso color nativo a causa de la incuria y de su continua exposición al aire, al sol y al polvo. Sus labios apenas se veían de puro chicos, y siempre estaban sonriendo; mas aquella sonrisa era semejante a la imperceptible de algunos muertos cuando han dejado de vivir pensando en el Cielo. La boca de la Nela, estéticamente hablando, era desabrida fea; pero quizá podría merecer elogios, aplicándole el verso de Polo de Medina: «Es tan linda su boca, que no pide» En efecto: ni hablando, ni mirando, ni sonriendo revelaba aquella miserable el hábito degradante de la mendicidad.

Golfín le acarició el rostro con su mano, tomándolo por la barba y abarcándolo casi todo entre sus gruesos dedos.

—¡Pobrecita! —exclamó—. Dios no ha sido generoso contigo. ¿Con quién vives?

—Con el señor Centeno, capataz de ganado en las minas.

—Me parece que tú no habrás nacido en la abundancia. ¿De quién eres hija?

—Dicen que mi madre vendía pimientos en el mercado de Villamojada. Era soltera. Me tuvo un día de Difuntos, y después se fue a criar a Madrid.

—¡Vaya con la buena señora! —murmuró Teodoro con malicia—. Quizá no tenga nadie noticia de quién fue tu papá.

—Sí, señor —replicó la Nela, con cierto orgullo—. Mi padre fue el primero que encendió las luces en Villamojada.

—¡Cáspita!

—Quiero decir que cuando el Ayuntamiento puso por primera vez faroles en las calles —dijo, como queriendo dar a su relato la gravedad de la historia—, mi padre era el encargado de encenderlos y limpiarlos. Yo estaba ya criada por una hermana de mi madre, que era también soltera, según dicen. Mi padre había reñido con ella... Dicen que vivían juntos..., todos vivían juntos..., y cuando iba a farolear me llevaba en el cesto, junto con los tubos de vidrio, las mechas, la aceitera... Un día dicen que subió a limpiar el farol que hay en el puente, puso el cesto sobre el antepecho, yo me salí fuera y caíme al río.

—¡Y te ahogaste!

—No, señor; porque caí sobre piedras. ¡Divina Madre de Dios! Dicen que antes de eso era yo muy bonita.

—Sí, indudablemente eras muy bonita —afirmó el forastero, el alma inundada de bondad—. Y todavía lo eres... Pero dime: ¿hace mucho tiempo que vives en las minas?

—Dicen que hace tres años. Dicen que mi madre me recogió después de la caída. Mi padre cayó enfermo, y como mi madre no le quiso asistir, porque era malo, él fue al hospital, donde dicen que se murió. Entonces vino mi madre a trabajar a las minas. Dicen que un día le despidió el jefe porque había bebido mucho aguardiente...

—Y tu madre se fue... Vamos, ya me interesa esa señora. Se fue...

—Se fue a un agujero muy grande que hay allá arriba —dijo Nela, deteniéndose ante el doctor y dando a su voz el tono más patético—, y se metió dentro.

—¡Canario! ¡Vaya un fin lamentable! Supongo que no habrá vuelto a salir.

—No, señor —replicó la chiquilla con naturalidad— Allí dentro está.

—Después de esa catástrofe, pobre criatura —dijo Golfín con cariño—, has quedado trabajando aquí. Es un trabajo muy penoso el de la minería. Estás teñida del color del mineral; estás raquítica y mal alimentada. Esta vida destruye las naturalezas más robustas.

—No, señor; yo no trabajo. Dicen que yo no sirvo ni puedo servir para nada.

—Quita allá, tonta; tú eres una alhaja.

—Que no, señor —dijo Nela, insistiendo con energía—. Si no puedo trabajar. En cuanto cargo un peso pequeño me caigo al suelo. Si me pongo a hacer una cosa difícil, en seguida me desmayo.

—Todo sea por Dios... Vamos, que si cayeras tú en manos de personas que te supieran manejar, ya trabajarías bien.

—No, señor —repitió la Nela con tanto énfasis, como si se elogiara—, si yo no sirvo más que de estorbo.

—¿De modo que eres una vagabunda?

—No, señor, porque acompaño a Pablo.

—¿Y quién es Pablo?

—Ese señorito ciego, a quien usted encontró en la Terrible. Yo soy su lazarillo desde hace año y medio. Le llevo a todas partes; nos vamos por los campos, paseando.

—Parece buen muchacho ese Pablo.

Detúvose otra vez la Nela, mirando al doctor. Con el rostro resplandeciente de entusiasmo, exclamó:

—¡Madre de Dios! Es lo mejor que hay en el mundo. ¡Pobre amito mío! Sin vista, tiene él más talento que todos los que ven.

—Me gusta tu amo. ¿Es de este país?

—Sí, señor. Es hijo único de don Francisco Penáguilas, un caballero muy bueno y muy rico que vive en las casas de Aldeacorba.

—Dime: ¿y a ti por qué te llaman la Nela? ¿Qué quiere decir eso?

La muchacha alzó los hombros. Después de una pausa, repuso:

—Mi madre se llamaba la señá María Canela, pero la decían Nela. Dicen que este es nombre de perra. Yo me llamo María.

—Mariquita.

—María Nela me llaman, y también la hija de la Canela. Unos me dicen Marianela, y otros nada más que la Nela.

—Y tu amo, ¿te quiere mucho?

—Sí, señor; es muy bueno. Él dice que ve con mis ojos, porque como le llevo a todas partes y le digo cómo son todas las cosas...

—Todas las cosas que no puede ver —indicó el forastero, muy gustoso de aquel coloquio.

—Sí, señor; yo le digo todo. Él me pregunta como es una estrella, y yo se la pinto de tal modo hablando que para él es lo mismito que si la viera. Yo le explico cómo son las hierbas y las nubes, el cielo, el agua y los relámpagos, las veletas, las mariposas, el humo, los caracoles, el cuerpo y la cara de las personas y de los animales. Yo le digo lo que es feo y lo que es bonito, y así se va enterando de todo.

—Veo que no es flojo tu trabajo. ¡Lo feo y lo bonito! Ahí es nada... ¿Te ocupas de eso?... Dime, ¿sabes leer?

—No, señor. Si yo no sirvo para nada.

Decía esto en el tono más convincente, y con el gesto de que acompañaba su firme protesta parecía añadir: «Es usted un majadero al suponer que yo sirvo para algo».

—¿No verías con gusto que tu amito recibiera de Dios el don de la vista?

La muchacha no contestó nada. Después de una pausa, dijo:

—¡Divino Dios! Eso es imposible.

—Imposible, no; aunque difícil.

—El ingeniero director de las minas ha dado esperanzas al padre de mi amo.

—¿Don Carlos Golfín?

—Sí, señor. Don Carlos tiene un hermano médico que cura los ojos, y, según dicen, da vista a los ciegos, arregla a los tuertos y les endereza los ojos a los bizcos.

—¡Qué hombre más hábil!

—Sí, señor; y como ahora el médico anunció a su hermano que iba a venir, su hermano le escribió diciéndole que trajera las herramientas para ver si le podía dar la vista a Pablo.

—¿Y ha venido ya ese buen hombre?

—No, señor; como anda siempre allá por las Américas y las Inglaterras, parece que tardará en venir. Pero Pablo se ríe de esto, y dice que no le dará ese hombre lo que la Virgen Santísima le negó desde el nacer.

—Quizá tenga razón... Pero dime: ¿estamos ya cerca?... Porque veo chimeneas que arrojan un humo más negro que el del infierno, y veo también una claridad que parece de fragua.

—Sí, señor, ya llegamos. Aquellos son los hornos de la calcinación, que arden día y noche. Aquí enfrente están las máquinas de lavado, que no trabajan sino de día; a mano derecha está el taller de composturas, y allá abajo, a lo último de todo, las oficinas.

En efecto; el lugar aparecía a los ojos de Golfín como lo describía Marianela. Esparciéndose el humo por falta de aire, envolvía en una como gasa oscura y sucia todos los edificios, cuyas masas negras señalábanse confusa y fantásticamente sobre el cielo iluminado por la luna.

—Más hermoso es esto para verlo una vez que para vivir aquí —indicó Golfín, apresurando el paso—. La nube de humo lo envuelve todo, y las luces forman un disco borroso, como el de la luna en noches de bochorno. ¿En dónde están las oficinas?

—Allí. Ya pronto llegamos.

Después de pasar por delante de los hornos, cuyo calor obligóle a apretar el paso, el doctor vio un edificio tan negro y ahumado como todos los demás. Verlo y sentir los gratos sonidos de un piano teclado con verdadero frenesí fue todo uno.

—Música tenemos; conozco las manos de mi cuñada.

—Es la señorita Sofía, que toca —afirmó María.

Claridad de alegres habitaciones lucía en los huecos, y abierto estaba el balcón principal. Veíase en él un ascua diminuta: era la lumbre de un cigarro. Antes que el doctor llegase, el ascua cayó, describiendo una perpendicular y dividiéndose en menudas y saltonas chispas: era que el fumador había arrojado la colilla.

—Allí está el fumador sempiterno —gritó el doctor con acento del más vivo cariño—. ¡Carlos, Carlos!

—¡Teodoro! —contestó una voz en el balcón.

Calló el piano, como un ave cantora que se asusta del ruido. Sonaron pasos en la casa. El doctor dio una moneda de plata a su guía y corrió hacia la puerta.

4

LA FAMILIA DE PIEDRA

Menudeando el paso y saltando sobre los obstáculos que hallaba en su camino, la Nela se dirigió a la casa que está detrás de los talleres de maquinaria y junto a las cuadras donde comían el pienso, pausada y gravemente, las sesenta mulas del establecimiento. Era la morada del señor Centeno, de moderna construcción, si bien nada elegante ni aun cómoda. Baja de techo, pequeña para albergar sus tres piezas a los esposos Centeno, a los cuatro hijos de los esposos Centeno, al gato de los esposos Centeno, y, por añadidura, a la Nela, la casa figuraba en los planos de vitela de aquel gran establecimiento ostentando orgullosa, como otras muchas este letrero: *Vivienda de capataces.*

En su interior, el edificio servía para probar, prácticamente, un aforismo que ya conocemos, por haberlo visto enunciado por la misma Marianela; es, a saber: que ella, Marianela, no servía más que de estorbo. En efecto, allí había sitio para todo: para los esposos Centeno, para las herramientas de sus hijos, para mil cachivaches de cuya utilidad no hay pruebas inconclusas, para el gato, para el plato en que comía el gato, para la guitarra de Tanasio, para los materiales que el mismo empleaba en componer garrotes (cestas), para media docena de colleras viejas de mulas, para la jaula del mirlo, para dos peroles inútiles, para un altar en que la Centeno ponía ofrenda de flores de trapo a la Divinidad y unas velas seculares, colonizadas por las moscas; para todo absolutamente, menos para la hija de la Canela. A menudo se oía: «¡Que no he de dar un paso sin tropezar con esta condenada Nela!...».

También se oía esto: «Vete a tu rincón... ¡Qué criatura! Ni hace ni deja hacer a los demás.»

La casa constaba de tres piezas y un desván. Era la primera, además de corredor y sala, alcoba de los Centeno mayores. En la segunda dormían las dos señoritas, que eran ya mujeres, y se llamaban la Mariuca y la Pepina. Tanasio, el primogénito, se agasajaba en el desván, y Celipín, que era el más pequeño de la familia y frisaba en los doce años, tenía su dormitorio en la cocina, la pieza más interna, más remota, más crepuscular, más ahumada y más inhabitable de las tres que componían la morada Centenil.

La Nela, durante los largos años de su residencia allí, había ocupado distintos rincones, pasando de uno a otro conforme lo exigía la instalación de mil objetos que no servían sino para robar a los seres vivos el último pedazo de suelo habitable. En cierta ocasión (no consta la fecha con exactitud), Tanasio, que era tan imposibilitado de piernas como de ingenio, y se había dedicado a la construcción de cestas de avellano, puso en la cocina, formando pila, hasta media docena de aquellos ventrudos ejemplares de su industria. Entonces, la hija de la Canela volvió tristemente sus ojos en derredor, sin hallar sitio donde albergarse; pero la misma contrariedad sugirióle repentina y felicísima idea, que al instante puso en ejecución. Metiose bonitamente en una cesta, y así pasó la noche en fácil y tranquilo sueño. Indudablemente, aquello era bueno y cómodo: cuando tenía frío, tapábase con otra cesta. Desde entonces, siempre que había garrotes grandes no careció de estuche en que encerrarse. Por eso decían en la casa: «Duerme como una alhaja.»

Durante la comida, y entre la algazara de una conversación animada sobre el trabajo de la mañana, oíase una voz que bruscamente decía: «Toma.» La Nela recogía una escudilla de manos de cualquier Centeno grande o chico, y se sentaba contra el arca a comer sosegadamente. También solía oírse, al fin de la comida la voz áspera y becerril del señor Centeno diciendo a su esposa, en tono de reconvención: «Mujer, que no has dado nada a la pobre Nela.» A veces acontecía que la Señana (nombre formado de señora Ana) moviera la cabeza para buscar con los ojos, por entre los cuerpos de sus hijos, algún objeto pequeño y lejano, y que al mismo tiempo dijera: «Pues qué, ¿estaba ahí? Yo pensé que también hoy se había quedado en Aldeacorba.»

Por las noches, después de cenar, rezaban el rosario. Tambaleándose como sacerdotisas de Baco, y revolviendo sus apretados puños en el hueco de los ojos, la Mariuca y la Pepina se iban a sus lechos, que eran cómodos y confortantes, paramentados con abigarradas colchas.

Poco después oíase un roncante dúo de contraltos aletargados, que duraba, sin interrupción, hasta el amanecer.

Tanasio subía al alto aposento y Celipín se acurrucaba sobre haraposas mantas, no lejos de las cestas donde desaparecía la Nela.

Acomodados así los hijos, los padres permanecían un rato en la pieza principal; y mientras Centeno, sentándose junto a la mesilla y tomando un periódico, hacía mil muecas y visajes que indicaban el atrevido intento de leerlo, la Señana sacaba del arca una media repleta de dinero, y después de contado y de añadir o quitar algunas piezas, lo reponía cuidadosamente en su sitio. Sacaba después diferentes líos de papel que contenían monedas de oro y trasegaba algunas piezas de uno en otro apartadijo. Entonces solían oírse frases sueltas como éstas:

«He tomado treinta y dos reales para el refajo de la Mariuca... A Tanasio le he puesto los seis reales que se le quitaron... Sólo nos faltan once duros para los quinientos...»

O como éstas:

«Señores diputados que dijeron sí...» «Ayer celebró una conferencia...», etc.

Los dedos de Señana sumaban, y el de Sinforoso Centeno seguía tembloroso y vacilante los renglones, para poder guiar su espíritu por aquel laberinto de letras.

Las frases iban poco a poco resolviéndose en palabras sueltas; después en monosílabos; oíase un bostezo, otro, y, al fin todo quedaba en plácido silencio, después de extinguida la luz, a cuyo resplandor había enriquecido sus conocimientos el capataz de mulas.

Una noche después que todo calló, dejose oír ruido de cestas en la cocina. Como allí había alguna claridad, porque jamás se cerraba la madera del ventanillo, Celipín Centeno, que no dormía aún, vio que las dos cestas más altas, colocadas una contra otra, se separaban, abriéndose como las conchas de un bivalvo. Por el hueco aparecieron la naricilla y los negros ojos de Nela.

—Celipín, Celipinillo —dijo ésta, sacando también su mano—, ¿estás dormido?

—No, despierto estoy. Nela, pareces una almeja. ¿Qué quieres?

—Toma, toma esta peseta que me dio esta noche un caballero, hermano de don Carlos... ¿Cuánto has juntado ya?... Este sí que es regalo. Nunca te había dado más que cuartos.

—Dame acá, muchas gracias, Nela —dijo el muchacho, incorporándose para tomar la moneda—. Cuarto a cuarto, ya me has dado al pie de treinta y dos reales... Aquí lo tengo en el seno, muy bien guardadito en el saco que me diste. ¡Eres una real moza!

—Yo no quiero para nada el dinero. Guárdalo bien porque si la Señana te lo descubre, creerá que es para vicios y te pegará una paliza.

—No; no es para vicios, no es para vicios —afirmó el chicuelo con energía, oprimiéndose el seno con una mano, mientras sostenía su cabeza en la otra—: es para hacerme hombre de provecho, Nela, para hacerme hombre de pesquis, como muchos que conozco. El domingo, si me dejan ir a Villamojada, he de comprar una cartilla para aprender a leer, ya que aquí no quieren enseñarme, ¡Córcholis! Aprenderé solo. ¡Ah!, Nela dicen que don Carlos era hijo de uno que barría las calles en Madrid. Él solo, solito él, con la ayuda de Dios, aprendió todo lo que sabe.

—Puede que pienses tú hacer lo mismo, bobo.

—¡Córcholis! Puesto que mis padres no quieren sacarme de estas condenadas minas, yo me buscaré otro camino; sí, ya verás quién es Celipín. Yo no sirvo para esto, Nela. Deja tú que tenga reunida una buena cantidad, y verás, verás cómo me planto en la villa, y allí, o tomo el tren para irme a Madrid, o un vapor que me lleve a las islas de allá lejos, o me meto a servir con tal que me dejen estudiar.

—¡Madre de Dios divino! ¡Qué calladas tenías esas picardías!
—dijo la Nela, abriendo más las conchas de su estuche y
echando fuera toda la cabeza.

—¿Pero tú me tienes por bobo?... ¡Ah!, Nelilla, estoy
rabiando. Yo no puedo vivir así, yo me muero en las minas.
¡Córcholis! Paso las noches llorando, y me muerdo las manos,
y... no te asustes, Nela, ni me creas malo por lo que voy a decirte: a ti sola te lo digo.

—¿Qué?

—Que no quiero a mi madre ni a mi padre como los debie-
ra querer.

—Ea, pues, si haces eso, no te vuelvo a dar un real. ¡Celipín,
por amor de Dios, piensa bien lo que dices!

—No lo puedo remediar. Ya ves cómo nos tienen aquí. ¡Córcholis! No somos gente, sino animales. A veces se me pone en
la cabeza que somos menos que las mulas, y yo me pregunto si
me diferencio en algo de un borrico... Coger una cesta llena de
mineral y echarla en un vagón, empujar el vagón hasta los
hornos; revolver con un palo el mineral que se está lavando.
¡Ay!... —al decir esto, los sollozos cortaban la voz del infeliz
muchacho—. ¡Cor... córcholis!, el que pase muchos años en
este trabajo, al fin se ha de volver malo, y sus sesos serán de
calamina... No, Celipín no sirve para esto... Les digo a mis
padres que me saquen de aquí y me pongan a estudiar, y responden que son pobres y que yo tengo mucha *fantasía*. Nada,
nada; no somos más que bestias que ganamos un jornal... ¿Pero
tú no me dices nada?

La Nela no respondió... Quizá comparaba la triste condición
de su compañero con la suya propia, hallando ésta infinitamen-
te más aflictiva.

—¿Qué quieres tú que yo te diga? —replicó al fin—. Como
yo no puedo ser nunca nada, como yo no soy persona, nada te
puedo decir... Pero no pienses esas cosas malas, no pienses eso
de tus padres.

Tú lo dices por consolarme; pero bien ves que tengo razón...,
y me parece que estás llorando.

—Yo no.

—Sí; tú estás llorando.

—Cada uno tiene sus cositas que llorar —repuso María con voz sofocada—. Pero es muy tarde, Celipe, y es preciso dormir.

—Todavía no..., ¡córcholis!

—Sí, hijito. Duérmete y no pienses cosas malas. Buenas noches.

—Cerráronse las conchas de almeja, y todo quedó en silencio.

Se ha declamado mucho contra el positivismo de las ciudades, plaga que, entre las galas y el esplendor de la cultura, corroe los cimientos morales de la sociedad; pero hay una plaga más terrible, y es el positivismo de las aldeas, que petrifica millones de seres, matando en ellos toda ambición noble y encerrándoles en el círculo de una existencia mecánica, brutal y tenebrosa. Hay en nuestras sociedades enemigos muy espantosos; a saber: la especulación, el agio, la metalización del hombre culto, el negocio; pero sobre éstos descuella un monstruo que, a la callada, destroza más que ninguno: la codicia del aldeano. Para el aldeano codicioso no hay ley moral, ni religión, ni nociones claras del bien; todo esto se resuelve en su alma con supersticiones y cálculos groseros, formando un todo inexplicable. Bajo el hipócrita candor se esconde una aritmética parda que supera en agudeza y perspicacia a cuanto idearon los matemáticos más expertos. Un aldeano que toma el gusto a los ochavos y sueña con trocarlos en plata, para convertir después la plata en oro, es la bestia más innoble que puede imaginarse; tiene todas las malicias y sutilezas del hombre y una sequedad de sentimientos que espanta. Su alma se va condensando hasta no ser más que un graduador de cantidades. La ignorancia, la rusticidad, la miseria en el vivir completan esta abominable pieza, quitándole todos los medios de disimular su descarnado interior. Contando por los dedos, es capaz de reducir a números todo el orden moral, la conciencia y el alma toda.

La Señana y el señor Centeno, que habían hallado, al fin, después de mil angustias, su *pedazo de pan* en las minas de Socartes, reunían con el trabajo de sus cuatro hijos un jornal que les habría parecido fortuna de príncipes en los tiempos en que andaban de feria en feria vendiendo pucheros. Debe decirse, tocante a las facultades intelectuales del señor Centeno, que su cabeza, en opinión de muchos, rivalizaba en dureza con el martillo-pilón montado en los talleres; no así tocante a las de Señana, que parecía mujer de muchísimo caletre y trastienda, y gobernaba toda la casa como gobernaría el más sabio príncipe sus Estados.

Apandaba bonitamente el jornal de su marido y de sus hijos, que era una hermosa suma, y cada vez que había cobranza, parecíale que entraba por las puertas de su casa el mismo Jesucristo sacramentado; tal era el gusto que la vista de las monedas le producía.

Daba la Señana muy pocas comodidades a sus hijos en cambio de la hacienda que con las manos de ellos iba formando; pero como no se quejaban de la degradante y atroz miseria en que vivían, como no mostraban nunca pujos de emancipación ni anhelo de otra vida mejor y más digna de seres inteligentes, la Señana dejaba correr los días. Muchos pasaron antes que sus hijas durmieran en camas; muchísimos antes que cubrieran sus lozanas carnes con vestidos decentes. Dábales de comer sobria y metódicamente, haciéndose partidaria en esto de los preceptos higiénicos más en boga; pero la comida en su casa era triste, como un pienso dado a seres humanos.

En cuanto al pasto intelectual, la Señana creía firmemente que con la erudición de su esposo, el señor Centeno, adquirida en copiosas lecturas, tenía bastante la familia para merecer el dictado de sapientísima, por lo cual no trató de alimentar el espíritu de sus hijos con las rancias enseñanzas que se dan en la escuela. Si los mayores asistieron a ella, el más pequeño viose libre de maestros, y engolfado vivía durante doce horas diarias en el embrutecedor trabajo de las minas, con lo cual toda la familia navegaba ancha y holgadamente por el inmenso piélago de la estupidez.

Las dos hembras, Mariuca y Pepina, no carecían de encantos, siendo los principales su juventud y su robustez. Una de ellas leía de corrido; la otra, no, y en cuanto a conocimientos del mundo, fácilmente se comprende que no carecería de algunos rudimentos quien vivía entre risueño coro de ninfas de distintas edades y procedencias, ocupadas en un trabajo mecánico y con boca libre. Mariuca y Pepina eran muy apechugadas, muy derechas, fuertes y erguidas como amazonas. Vestían falda corta, mostrando media pantorrilla y el carnoso pie descalzo, y sus rudas cabezas habrían lucido bien sosteniendo un arquitrabe, como las mujeres de la Caria. El polvillo de la calamina, que las teñía de pies a cabeza, como a los demás trabajadores de las minas, dábales aire de colosales figuras de barro crudo.

Tanasio era un hombre apático. Su falta de carácter y de ambición rayaban en el idiotismo. Encerrado en las cuadras desde su infancia, ignorante de toda travesura, de toda contrariedad, de todo placer, de toda pena, aquel joven que ya había nacido dispuesto a ser máquina se convirtió, poco a poco, en la herramienta más grosera. El día en que semejante ser tuviera una idea propia, se cambiaría el orden admirable de todas las cosas por el cual ninguna piedra puede pensar.

Las relaciones de esta prole con su madre, que era gobernadora de toda la familia, eran las de una docilidad absoluta por parte de los hijos, y de un dominio soberano por parte de la Señana. El único que solía mostrar indicios de rebelión era el chiquitín. En sus cortos alcances, la Señana no comprendía aquella aspiración diabólica a dejar de ser piedra. ¿Por ventura había existencia más feliz y ejemplar que la de los peñascos? No admitía, no, que fuera cambiada, ni aun por la de canto rodado. Y Señana amaba a sus hijos; pero ¡hay tantas maneras de amar! Poníales por encima de todas las cosas, siempre que se avinieran a trabajar perpetuamente en las minas, a amasar en una sola artesa todos sus jornales, a obedecerla ciegamente y a no tener aspiraciones locas ni afán de lucir galas, ni de casarse antes de tiempo, ni de aprender diabluras, ni de meterse en sabidurías, «porque los pobres —decía— siempre habían de ser pobres, y como pobres portarse, sin farolear como los ricos y gente de la ciudad, que estaba toda comida de vicios y podrida de pecados».

Hemos descrito el trato que tenían en casa de Centeno los hijos, para que se comprenda el que tendría la Nela, criatura abandonada, sola, inútil, incapaz de ganar jornal, sin pasado, sin porvenir, sin abolengo, sin esperanza, sin personalidad, sin derecho a nada más que al sustento. Señana se lo daba, creyendo firmemente que su generosidad rayaba en heroísmo. Repetidas veces dijo para sí, al llenar la escudilla de la Nela: «¡Qué bien me gano mi puestecico en el Cielo!».

Y lo creía como el Evangelio. En su cerrada mollera no entraban ni podían entrar otras luces sobre el santo ejercicio de la caridad; no comprendía que una palabra cariñosa, un halago, un trato delicado y amante que hicieran olvidar al pequeño su pequeñez, al miserable su miseria, son heroísmos de más precio que el bodrio sobrante de una mala comida. ¿Por ventura no se daba lo mismo al gato? Y éste, al menos, oía las voces más tiernas. Jamás oyó la Nela que se la llamara *michita, monita,* ni que le dijeran *repreciosa,* ni otros vocablos melifluos y conmovedores con que era obsequiado el gato.

Jamás se le dio a entender a la Nela que había nacido de criatura humana, como los demás habitantes de la casa. Nunca fue castigada; pero ella entendió que este privilegio se fundaba en la desdeñosa lástima que inspiraba su menguada constitución física, y de ningún modo en el aprecio de su persona.

Nunca se le dio a entender que tenía un alma pronta a dar ricos frutos si se le cultivaba con esmero, ni que llevaba en sí, como los demás mortales, ese destello del eterno saber que se nombra inteligencia humana, y que de aquel destello podían salir infinitas luces y lumbre bienhechora. Nunca se le dio a entender que, en su pequeñez fenomenal, llevaba en sí el germen de todos los sentimientos nobles y delicados, y que aquellos menudos brotes podían ser flores hermosísimas y lozanas, sin más cultivo que una simple mirada de vez en cuando. Nunca se le dio a entender que tenía derecho, por el mismo rigor de la Naturaleza al criarla, a ciertas atenciones de que pueden estar exentos los robustos, los sanos, los que tienen padres y casa propia, pero que corresponden por jurisprudencia cristiana al inválido, al pobre, al huérfano y al desheredado.

Por el contrario, todo le demostraba su semejanza con un canto rodado, el cual ni siquiera tiene forma propia, sino aquella que le dan las aguas que lo arrastran y el puntapié del hombre que lo desprecia. Todo le demostraba que su jerarquía dentro de la casa era inferior a la del gato, cuyo lomo recibía blandas caricias, y a la del mirlo, que saltaba gozoso en su jaula.

Al menos, de éstos no se dijo nunca, con cruel compasión: «Pobrecita, mejor cuenta le hubiera tenido morirse».

5

TRABAJO. PAISAJE. FIGURA

El humo de los hornos, que durante toda la noche velaban respirando con bronco resoplido, se plateó vagamente en sus espirales más remotas; apareció risueña claridad por los lejanos términos y detrás de los montes, y poco a poco fueron saliendo, sucesivamente, de la sombra, los cerros que rodean a Socartes, los inmensos taludes de tierra rojiza, los negros edificios. La campana del establecimiento gritó con aguda voz: «Al trabajo», y cien y cien hombres soñolientos salieron de las casas, cabañas, chozas y agujeros. Rechinaban los goznes de las puertas; de las cuadras salían pausadamente las mulas, dirigiéndose solas al abrevadero, y el establecimiento, que poco antes semejaba una mansión fúnebre alumbrada por la claridad infernal de los hornos, se animaba, moviendo sus miles de brazos.

El vapor principió a zumbar en las calderas del gran automóvil, que hacía funcionar a un tiempo los aparatos de los talleres y el aparato de lavado. El agua, que tan principal papel desempeñaba en esta operación comenzó a correr por las altas cañerías, de donde debía saltar sobre los cilindros. Risotadas de mujeres y ladridos de hombres que venían de tomar la mañana precedieron a la faena; y al fin empezaron a girar las cribas cilíndricas con infernal chillido; el agua corría de una en otra, pulverizándose, y la tierra sucia se atormentaba con vertiginoso voltear, rodando y cayendo de rueda en rueda, hasta convertirse en fino polvo achocolatado. Sonaba aquello como mil mandíbulas de dientes flojos que mascaran arena; parecía molino por el movimiento mareante; calidoscopio por los juegos de la luz, del agua y de la tierra; enorme sonajero, de innúmeros cachivaches compuesto, por el ruido. No se podía fijar la atención, sin sentir vértigo, en aquel voltear incesante de una infinita madeja de hilos de agua, ora claros y transparentes, ora teñidos de rojo por la arcilla ferruginosa. Ni cabeza humana que no estuviera hecha a tal espectáculo podría presenciar el feroz combate de mil ruedas dentadas que, sin cesar, se mordían unas a otras; de ganchos que se cruzaban royéndose, y de tornillos que, al girar, clamaban con lastimero quejido pidiendo aceite.

El lavado estaba al aire libre. Las correas de transmisión venían zumbando desde el departamento de la máquina. Otras correas se pusieron en movimiento, y entonces oyose un estampido rítmico, un horrísono compás, a la manera de gigantescos pasos o de un violento latido interior de la madre tierra. Era el gran martillo pilón del taller, que había empezado a funcionar. Su formidable golpe machacaba el hierro como blanda pasta, y esas formas de ruedas, ejes y carriles, que nos parecen eternas por lo duras, empezaban a desfigurarse, torciéndose y haciendo muecas, como rostros afligidos. El martillo, dando porrazos uniformes, creaba formas nuevas tan duras como las geológicas que son obra laboriosa de los siglos. Se parecen mucho, sí, las obras de la fuerza a las de la paciencia.

Hombres negros, que parecían el carbón humano, se reunían en torno a los objetos de fuego que salían de las fraguas, y, cogiéndolos con aquella prolongación incandescente de los dedos a quien llaman tenazas, los trabajaban. ¡Extraña escultura la que tiene por genio el fuego y por cincel el martillo! Las ruedas y ejes de los millares de vagonetas, las piezas estropeadas del aparato de lavado recibían allí compostura, y eran construidos los picos, azadas y carretillas. En el fondo del taller las sierras hacían chillar la madera, y aquel mismo hierro, educado en el trabajo por el fuego, destrozaba las generosas fibras del árbol arrancado a la tierra.

También afuera las mulas habían sido enganchadas a los largos trenes de vagonetas. Veíaselas pasar arrastrando tierra inútil para verterla en los taludes, o mineral para conducirlo al lavadero. Cruzábanse unos con otros aquellos largos reptiles, sin chocar nunca. Entraban por la boca de las galerías, siendo entonces perfecta su semejanza con los resbaladizos habitantes de las húmedas grietas, y cuando en las oscuridades del túnel relinchaba la indócil mula, creeríase que los saurios disputaban, chillando. Allá en las más remotas cañadas, centenares de hombres golpeaban con picos la tierra para arrancarle, pedazo a pedazo, su tesoro. Eran los escultores de aquellas caprichosas e ingentes figuras que permanecían en pie, atentas, con gravedad silenciosa, a la invasión del hombre en las misteriosas esferas geológicas. Los mineros derrumbaban aquí, horadaban allá, cavaban más lejos, rasguñaban en otra parte, rompían la roca cretácea, desbarataban las graciosas láminas de pizarra samnita y esquistosas, despreciaban la caliza arcillosa, apartaban la limonita y el oligisto, destrozaban la preciosa dolomía, revolviendo incesantemente hasta dar con el silicato de cinc, esa plata de Europa que, no por ser la materia de que se hacen las cacerolas, deja de ser grandiosa fuente de bienestar y civilización. Sobre ella ha alzado Bélgica el estandarte de su grandeza moral y política. ¡Oh! La hoja de lata tiene también su epopeya.

El cielo estaba despejado, el sol derramaba libremente sus rayos y la vasta pertenencia de Socartes resplandecía con súbito tono rojo. Rojas eran las peñas esculturales; rojo el precioso mineral; roja la tierra inútil acumulada en los largos taludes, semejantes a babilónicas murallas; rojo el suelo; rojos los carriles y los vagones; roja toda la maquinaria; roja el agua; rojos los hombres y mujeres que trabajaban en toda la extensión de Socartes. El color subido de ladrillo era uniforme, con ligeros cambiantes, y general en todo: en la tierra y las casas, en el hierro y en los vestidos. Las mujeres ocupadas en lavar parecían una pléyade de equívocas ninfas de barro ferruginoso crudo. Por la cañada abajo, en dirección al río, corría un arroyo de agua encarnada. Creeríase que era el sudor de aquel gran trabajo de hombres y máquinas, del hierro y de los músculos.

La Nela salió de su casa. También ella, sin trabajar en las minas, estaba teñida ligeramente de rojo, porque el polvo de la tierra calaminífera no perdona a nadie. Llevaba en la mano un mendrugo de pan que le había dado la Señana para desayunarse, y, comiéndoselo, marchaba aprisa, sin distraerse con nada, formal y meditabunda. No tardó en pasar más allá de los edificios, y después de subir el plano inclinado subió la escalera labrada en la tierra, hasta llegar a las casas de la barriada de Aldeacorba. La primera que se encontraba era una primorosa vivienda infanzona, grande, sólida, alegre, restaurada y pintada recientemente, con cortafuegos de piedra, aleros labrados y ancho escudo circundado de follaje granítico. Antes faltara en ella el escudo que la parra, cuyos sarmientos, cargados de hoja, parecían un bigote que aquélla tenía en el lugar correspondiente de su cara, siendo las dos ventanas los ojos, el escudo la nariz y el largo balcón la boca, siempre riendo. Para que la personificación fuera completa, salía del balcón una viga destinada a sujetar la cuerda de tender ropa, y con tal accesorio, la casa con rostro estaba fumándose un cigarro puro. Su tejado era en figura de gorra de cuartel, y tenía una ventana de buhardilla que parecía una borla. La chimenea no podía ser más que una oreja. No era preciso ser fisonomista para comprender que aquella casa respiraba paz, bienestar y una conciencia tranquila.

Dábale acceso un corralillo circundado de tapias, y al costado derecho tenía una hermosa huerta. Cuando la Nela entró, salían las vacas, que iban a la pradera. Después de cambiar algunas palabras con el gañán, que era un mocetón formidable..., así como de tres cuartas de alto y de diez años de edad..., dirigiose a un señor obeso, bigotudo, entrecano, encarnado, de simpático rostro y afable mirar, de aspecto entre soldadesco y campesino, el cual apareció en mangas de camisa, con tirantes, y mostrando hasta el codo los velludos brazos. Antes que la muchacha hablara, el señor de los tirantes volviose adentro y dijo:

—Hijo mío, aquí tienes a la Nela.

Salió de la casa un joven, estatua del más excelso barro humano, suave, derecho, con la cabeza inmóvil, los ojos clavados y fijos en sus órbitas, como lentes expuestos en un muestrario. Su cara parecía de marfil, contorneada con exquisita finura; mas teniendo su tez la suavidad de la de una doncella, era varonil en gran manera, y no había en sus facciones parte alguna ni rasgo que no tuviese aquella perfección soberana con que fue expresado hace miles de años el pensamiento helénico. Aun sus ojos puramente escultóricos, porque carecían de vista, eran hermosísimos, grandes y rasgados. Desvirtuábalos su fijeza y la idea de que tras aquella fijeza estaba la noche. Falto del don que constituye el núcleo de la expresión humana, aquel rostro de Antinoo ciego poseía la fría serenidad del mármol, convertido por el genio y el cincel en estatua, y por la fuerza vital en persona. Un soplo, un rayo de luz, una sensación, bastarían para animar la hermosa piedra, que teniendo ya todas las galas de la forma, carecía tan sólo de la conciencia de su propia belleza, la cual emana de la facultad de conocer la belleza exterior.

Su edad no pasaba de los veinte años; su cuerpo, sólido y airoso, con admirables proporciones construido era digno en todo de la sin igual cabeza que sustentaba. Jamas se vio incorrección más lastimosa de la Naturaleza que la que el tal representaba, recibiendo por una parte admirables dones, privado por otra de la facultad que más comunica al hombre con sus semejantes y con el maravilloso conjunto de lo creado. Era tal la incorrección que aquellos prodigiosos dones quedaban como inútiles, del mismo modo que si al ser creadas todas las cosas hubiéralas dejado el Hacedor a oscuras, para que no pudieran recrearse en sus propios encantos. Para mayor desdicha, había recibido el joven portentosa luz interior, un entendimiento de primer orden. Esto y carecer de la facultad de percibir la idea visible, la forma, siendo al mismo tiempo divino como un ángel, hermoso como un hombre y ciego como un vegetal, era fuerte cosa, ciertamente. No comprendemos, ¡ay! el secreto de estas horrendas imperfecciones. Si lo comprendiéramos se abrirían para nosotros las puertas que ocultan primordiales misterios del orden moral y del orden físico: comprenderíamos el inmenso misterio de la desgracia, del mal, de la muerte, y podríamos medir la perpetua sombra que, sin cesar, sigue al bien y a la vida.

Don Francisco Penáguilas, padre del joven, era un hombre más que bueno: era inmejorable, superiormente discreto, bondadoso, afable, honrado y magnánimo, no falto de instrucción. Nadie le aborreció jamás; era el más respetado de todos los propietarios ricos del país, y más de una cuestión se arregló por la mediación, siempre inteligente, del *señor de Aldeacorba de Suso*. La casa en que le hemos visto fue su cuna. Había estado de joven en América, y al regresar a España sin fortuna, entró a servir en la Guardia Civil. Retirado a su pueblo natal, donde se dedicaba a la labranza y a la ganadería, heredó regular hacienda, y en la época de nuestra historia acababa de heredar otra mayor.

Su esposa, andaluza, había muerto en edad muy temprana, dejándole un solo hijo, que a poco de nacer demostró hallarse privado en absoluto del más precioso de los sentidos. Esto fue la pena más aguda que amargó los días del buen padre. ¿Qué le importaba allegar riqueza y ver que la fortuna favorecía sus intereses y sonreía en su casa? ¿Para quién era esto? Para quien no podía ver ni las gordas vacas, ni las praderas risueñas, ni la huerta cargada de frutas. Don Francisco hubiera dado sus ojos a su hijo, quedándose él ciego el resto de sus días, si esta especie de generosidades fuesen practicables en el mundo que conocemos; pero como no lo son, no podía don Francisco dar realidad al noble sentimiento de su corazón sino proporcionando al desgraciado joven todo cuanto pudiera hacerle menos ingrata la oscuridad en que vivía. Para él eran todos los cuidados y los infinitos mimos y delicadezas cuyo secreto pertenece a las madres, y algunas veces a los padres cuando faltan aquéllas. Jamás contrariaba a su hijo en nada que fuera para su consuelo y distracción en los límites de lo honesto y moral. Divertíale con cuentos y lecturas; tratábale con solícito esmero, atendiendo a su salud, a sus goces legítimos, a su instrucción, y a su educación cristiana, porque el señor de Penáguilas, que era un sí es no es severo de principios, decía: «No quiero que mi hijo sea ciego dos veces.»

Viéndole salir, y que la Nela le acompañaba fuera díjoles cariñosamente:

—No os alejéis hoy mucho. No corráis... Adiós.

Miroles desde la portalada hasta que dieron vuelta a la tapia de la huerta. Después entró, porque tenía que hacer varias cosas: escribir una esquela a su hermano Manuel, ordeñar una vaca, podar un árbol y ver si había puesto la gallina pintada.

6

TONTERÍAS

Pablo y Marianela salieron al campo, precedidos de *Choto*, que iba y volvía gozoso y saltón, moviendo la cola y repartiendo por igual sus caricias entre su amo y el lazarillo de su amo.

—Nela —dijo Pablo—, hoy está el día muy hermoso. El aire que corre es suave y fresco, y el sol calienta sin quemar. ¿Adónde vamos?

—Echaremos por estos prados adelante —replicó la Nela, metiendo su mano en una de las faltriqueras de la americana del mancebo—. ¿A ver qué me has traído hoy?

—Busca bien, y encontrarás algo —dijo Pablo, riendo.

—¡Ah, Madre de Dios! Chocolate crudo... ¡Y poco que me gusta el chocolate crudo!... nueces... una cosa envuelta en un papel... ¿qué es? ¡Ah! ¡Madre de Dios!, un dulce... ¡Dios Divino!, ¡pues a fe que me gusta poco el dulce! ¡Qué rico está! En mi casa no se ven nunca estas comidas ricas, Pablo. Nosotros no gastamos lujo en el comer. Verdad que no lo gastamos en el vestir. Total, no lo gastamos en nada.

—¿Adónde vamos hoy? —repitió el ciego.

—A donde quieras, niño de mi corazón —repuso la Nela, comiéndose el dulce y arrojando el papel que lo envolvía—. Pide por esa boca, rey del mundo.

Los negros ojuelos de la Nela brillaban de contento, y su cara de avecilla graciosa y vivaracha multiplicaba sus medios de expresión, moviéndose sin cesar. Mirándola, se creía ver un relampagueo de reflejos temblorosos, como los que produce la luz sobre la superficie del agua agitada. Aquella débil criatura, en la cual parecía que el alma estaba como prensada y constreñida dentro de un cuerpo miserable, se ensanchaba, se crecía

maravillosamente al hallarse sola con su amo y amigo. Junto a
él tenía espontaneidad, agudeza, sensibilidad, gracia, donosu-
ra, fantasía. Al separarse, creeríase que se cerraban sobre ella
las negras puertas de una prisión.

—Pues yo digo que iremos a donde tú quieras —observó el
ciego—. Me gusta obedecerte. Si te parece bien, iremos al bosque que está más allá de Saldeoro. Esto si te parece bien.

—Bueno, bueno, iremos al bosque —exclamó la Nela,
batiendo palmas—. Pero como no hay prisa, nos sentaremos
cuando estemos cansados.

—Y que no es poco agradable aquel sitio donde está la fuente, ¿sabes, Nela?, y donde hay unos troncos muy grandes, que
parecen puestos allí para que nos sentemos nosotros, y donde se
oyen cantar tantos, tantísimos pájaros, que es aquello la gloria.

—Pasaremos por donde está el molino, de quien tú dices
que habla mascullando las palabras como un borracho. ¡Ay,
qué hermoso día y qué contenta estoy!

—¿Brilla mucho el sol, Nela? Aunque me digas que sí, no lo
entenderé, porque no sé lo que es brillar.

—Brilla mucho, sí, señorito mío. ¿Y a ti qué te importa eso?
El sol es muy feo. No se le puede mirar a la cara.

—¿Por qué?

—Porque duele.

—¿Qué duele?

—La vista. ¿Qué sientes tú cuando estás alegre?

¿Cuando estoy libre, contigo, solos los dos en el campo?

—Sí.

—Pues siento que me nace dentro del pecho una frescura,
una suavidad dulce...

—¡Ahí te quiero ver! ¡Madre de Dios! Pues ya sabes cómo
brilla el sol.

—¿Con frescura?

—Pues, ¿con qué?

—Con eso.

—Con eso... ¿Y qué es eso?

—Eso —afirmó nuevamente la Nela con acento de firme
convicción.

—Ya veo que esas cosas no se pueden explicar. Antes me formaba yo idea del día y de la noche. ¿Cómo? Verás: era de día cuando hablaba la gente, era de noche cuando la gente callaba y cantaban los gallos. Ahora no hago las mismas comparaciones. Es de día cuando estamos juntos tú y yo, es de noche cuando nos separamos.

—¡Ay, divina Madre de Dios! —exclamó la Nela, echándose atrás las guedejas que le caían sobre la frente—. ¡A mí, que tengo ojos, me parece lo mismo!

—Voy a pedirle a mi padre que te deje vivir en mi casa para que no te separes de mí.

—Bien, bien —dijo María, batiendo palmas otra vez.

Y diciéndolo, se adelantó saltando algunos pasos; y recogiendo con extrema gracia sus faldas, empezó a bailar.

—¿Qué haces, Nela?

—¡Ah, niño mío, estoy bailando! Mi contento es tan grande, que me han entrado ganas de bailar.

Pero fue preciso saltar una pequeña cerca, y la Nela ofreció su mano al ciego. Después de pasar aquel obstáculo, siguieron por una calleja tapizada en sus dos rústicas paredes de lozanas hiedras y espinos. La Nela apartaba las ramas para que no picaran el rostro de su amigo, y al fin, después de bajar gran trecho, subieron una cuesta por entre fondosos castaños y nogales. Al llegar arriba, Pablo dijo a su compañera:

—Si no te parece mal, sentémonos aquí. Siento pasos de gente.

—Son los aldeanos que vuelven del mercado de Homedes. Hoy es miércoles. El camino real está delante de nosotros. Sentémonos aquí antes de entrar en el camino real.

—Es lo mejor que podemos hacer. *Choto*, ven acá.

Los tres se sentaron.

—¡Si está esto lleno de flores!... —exclamó la Nela—. ¡Madre qué guapas!

—Cógeme un ramo. Aunque no las veo me gusta tenerlas en mi mano. Se me figura que las oigo.

—Eso sí que es gracioso.

—Paréceme que teniéndolas en mi mano me dan a entender..., no puedo decirte cómo..., que son bonitas. Dentro de mí

67

hay una cosa, no puedo decirte qué... una cosa que responde a ellas. ¡Ay, Nela, se me figura que por dentro yo veo algo!

—¡Oh!, sí, lo entiendo...; como que todos lo tenemos dentro. El sol, las hierbas, la luna y el cielo grande y azul, lleno siempre de estrellas..., todo, todo lo tenemos dentro; quiero decir que, además de las cosas divinas que hay fuera, nosotros llevamos otras dentro. Y nada más... Aquí tienes una flor, otra, otra, seis: todas son distintas. ¿A que no sabes tú lo que son las flores?

—Pues las flores —dijo el ciego, algo confundido, acercándolas a su rostro son... unas como sonrisillas que echa la tierra... La verdad, no sé mucho del reino vegetal.

—¡Madre divinísima, qué poca ciencia! —exclamó María, acariciando las manos de su amigo—. Las flores son las estrellas de la Tierra.

—Vaya un disparate. Y las estrellas, ¿qué son?

—Las estrellas son las miradas de los que se han ido al Cielo.

—Entonces las flores...

—Son las miradas de los que se han muerto y no han ido todavía al Cielo —afirmó la Nela con entera convicción—. Los muertos son enterrados en la tierra. Como allá abajo no pueden estar sin echar una miradilla a la Tierra, echan de sí una cosa que sube en forma y manera de flor. Cuando en un prado hay muchas flores es porque allá..., en tiempos atrás, enterraron en él muchos difuntos.

—No, no —replicó Pablo con serenidad—. No creas desatinos. Nuestra religión nos enseña que el espíritu se separa de la carne y que la vida mortal se acaba. Lo que se entierra, Nela, no es más que un despojo, un barro inservible que no puede pensar, ni sentir, ni tampoco ver.

—Eso lo dirán los libros, que según dice la Señana están llenos de mentiras.

—Eso lo dicen la fe y la razón, querida Nela. Tu imaginación te hace creer mil errores. Poco a poco yo los iré destruyendo, y tendrás ideas buenas sobre todas las cosas de este mundo y del otro.

—¡Ay, ay con el doctorcillo de tres por un cuarto!... Ya..., ¿pues no has querido hacerme creer que el sol está quieto y que la Tierra da vueltas a la redonda?... ¡Cómo se conoce que no los

ves! ¡Madre del Señor! Que me muera en este momento si la
Tierra no se está más quieta que un peñón y el sol va corre que
corre. Señorito mío, no se la eche de tan sabio, que yo he pasado muchas horas de noche y de día mirando al cielo, y sé cómo
está gobernada toda esa máquina... La Tierra está abajo, toda
llena de islitas grandes y chicas. El sol sale por allá y se esconde por allí. Es el palacio de Dios.

—¡Qué tonta!

—¿Y por qué no ha de ser así? ¡Ay! Tú no has visto el cielo
en un día claro, hijito. Parece que llueven bendiciones... Yo no
creo que pueda haber malos; no, no los puede haber, si vuelven
la cara hacia arriba y ven aquel ojazo que nos está mirando.

—Tu religiosidad, Nelilla, está llena de supersticiones. Yo
te enseñaré ideas mejores.

—No me han enseñado nada —dijo María con inocencia—;
pero yo, cavila que cavilarás, he ido sacando de mi cabeza
muchas cosas que me consuelan, y así, cuando me ocurre una
buena idea, digo: «Esto debe de ser así, y no de otra manera.»
Por las noches, cuando me voy sola a mi casa, voy pensando en
lo que será de nosotros cuando nos muramos, y en lo mucho que
nos quiere a todos la Virgen Santísima.

—Nuestra Madre amorosa.

—¡Nuestra Madre querida! Yo miro al Cielo, y la siento
encima de mí, como cuando nos acercamos a una persona y
sentimos el calorcillo de su respiración. Ella nos mira de noche
y de día por medio de..., no te rías... por medio de todas las
cosas hermosas que hay en el mundo.

—¿Y esas cosas hermosas...?

—Son sus ojos, tonto. Bien lo comprenderías si tuvieras los
tuyos. Quien no ha visto una nube blanca, un árbol, una flor, el
agua corriendo, un niño, el rocío, un corderito, la luna paseándose tan maja por los cielos, y las estrellas, que son las miradas
de los buenos que se han muerto...

—Mal podrán ir allá arriba si se quedan debajo de tierra
echando flores.

—¡Miren el sabiondo! Abajo se están mientras se van limpiando de pecados, que después suben volando arriba. La Vir-

gen les espera. Sí, créelo, tonto. Las estrellas, ¿qué pueden ser sino las almas de los que ya están salvos? ¿Y no sabes tú que las estrellas bajan? Pues yo yo misma las he visto caer así, así, haciendo una raya. Sí, señor; las estrellas bajan cuando tienen que decirnos alguna cosa.

—¡Ay, Nela! —exclamó Pablo vivamente—. Tus disparates, con serlo tan grandes me cautivan, porque revelan el candor de tu alma y la fuerza de tu fantasía. Todos esos errores responden a una disposición muy grande para conocer la verdad, a una poderosa facultad tuya, que sería primorosa si estuvieras auxiliada por la razón y la educación... Es preciso que tú adquieras un don precioso de que yo estoy privado; es preciso que aprendas a leer.

—¡A leer!... ¿Y quién me ha de enseñar?

—Mi padre. Yo le rogaré a mi padre que te enseñe. Ya sabes que él no me niega nada. ¡Qué lástima tan grande que vivas así! Tu alma está llena de preciosos tesoros. Tienes bondad sin igual y fantasía seductora. De todo lo que Dios tiene en su esencia absoluta, te dio a ti parte muy grande. Bien lo conozco; no veo lo de fuera, pero veo lo de dentro, y todas las maravillas de tu alma se me han revelado desde que eres mi lazarillo... ¡Hace año y medio! Parece que fue ayer cuando empezaron nuestros paseos... No, hace miles de años que te conozco. ¡Porque hay una relación tan grande entre lo que tú sientes y lo que yo siento!... Has dicho ahora mil disparates, y yo, que conozco algo de la verdad acerca del mundo y de la religión, me he sentido conmovido y entusiasmado al oírte. Se me antoja que hablas dentro de mí.

—¡Madre de Dios! —exclamó la Nela, cruzando las manos—. ¿Tendrá eso algo que ver con lo que yo siento?

—¿Qué?

—Que estoy en el mundo para ser tu lazarillo, y que mis ojos no servirían para nada si no sirvieran para guiarte y decirte cómo son todas las hermosuras de la Tierra.

El ciego irguió su cuello repentina y vivísimamente, y extendiendo sus manos hasta tocar el cuerpecillo de su amiga, exclamó con afán:

—Dime, Nela, ¿y cómo eres tú?

La Nela no dijo nada. Había recibido una puñalada.

7

MÁS TONTERÍAS

Habían descansado. Siguieron adelante, hasta llegar a la entrada del bosque que hay más allá de Saldeoro. Detuviéronse entre un grupo de nogales viejos, cuyos troncos y raíces formaban en el suelo una serie de escalones, con musgosos huecos y recortes tan apropiados para sentarse, que el arte no los hiciera mejor. Desde lo alto del bosque corría un hilo de agua, saltando de piedra en piedra, hasta dar con su fatigado cuerpo en un estanquillo que servía de depósito para alimentar el chorro de que se abastecían los vecinos. Enfrente, el suelo se deprimía poco a poco, ofreciendo grandioso panorama de verdes colinas pobladas de bosques y caseríos, de praderas llanas donde pastaban con tranquilidad vagabunda centenares de reses. En el último término dos lejanos y orgullosos cerros, que eran límite de la tierra, dejaban ver en un largo segmento el azul purísimo del mar. Era un paisaje cuya contemplación revelaba al alma sus excelsas relaciones con lo infinito.

Sentose Pablo en el tronco de un nogal, apoyando su brazo izquierdo en el borde del estanque. Alzaba la derecha mano para coger las ramas que descendían hasta tocar su frente, con lo cual pasaba a ratos, con el mover de las hojas, un rayo de sol.

—¿Qué haces, Nela? —dijo el muchacho después de una pausa, no sintiendo ni los pasos, ni la voz, ni la respiración de su compañera—. ¿Qué haces? ¿Dónde estás?

—Aquí —replicó la Nela, tocándole el hombro—. Estaba mirando el mar.

—¡Ah! ¿Está muy lejos?

—Allá se ve por los cerros de Ficóbriga.

71

—Grande, grandísimo, tan grande que estaremos mirando todo un día sin acabarlo de ver; ¿no es eso?

—No se ve sino un pedazo como el que coges dentro de la boca cuando le pegas una mordida a un pan.

—Ya, ya comprendo. Todos dicen que ninguna hermosura iguala a la del mar, por causa de la sencillez que hay en él... Oye, Nela, lo que voy a decirte... ¿Pero qué haces?

La Nela, agarrando con ambas manos la rama del nogal, se suspendía y balanceaba graciosamente.

—Aquí estoy, señorito mío. Estaba pensando que por qué no nos daría Dios a nosotros las personas alas para volar como los pájaros. ¡Qué cosa más bonita que hacer... zas, y remontarnos y ponernos de un vuelo en aquel pico que está allá entre Ficóbriga y el mar!...

—Si Dios no nos ha dado alas, en cambio nos ha dado el pensamiento, que vuela más que todos los pájaros, porque llega hasta el mismo Dios... Dime tú: ¿para qué querría yo alas de pájaro, si Dios me hubiera negado el pensamiento?

—Pues a mí me gustaría tener las dos cosas. Y si tuviera alas, te cogería en mi piquito para llevarte por esos mundos y subirte a lo más alto de las nubes.

El ciego alargó su mano hasta tocar la cabeza de la Nela.

—Siéntate junto a mí. ¿No estás cansada?

—Un poquitín replicó ella, sentándose y apoyando su cabeza con infantil confianza en el hombro de su amo.

—Respiras fuerte, Nelilla; tú estás muy cansada. Es de tanto volar... Pues lo que te iba a decir es esto: hablando del mar me hiciste recordar una cosa que mi padre me leyó anoche. Ya sabes que desde la edad en que tuve uso de razón, acostumbra mi padre leerme todas las noches distintos libros de ciencia y de historia, de artes y de entretenimiento. Esas lecturas y estos paseos se puede decir que son mi vida toda. Diome el Señor, para compensarme de la ceguera, una memoria feliz, y gracias a ella he sacado algún provecho de las lecturas, pues aunque éstas han sido sin método, yo, al fin y al cabo, he logrado poner algún orden en las ideas que iban entrando en mi entendimiento. ¡Qué delicias tan grandes las mías al entender el orden admirable del Universo, el concertado rodar de los astros, el giro de los átomos pequeñitos, y después las leyes, más admirables aun, que gobiernan nuestra alma! También me ha recreado mucho la Historia, que es un cuento verdadero de todo lo que los hombres han hecho antes de ahora, resultando, hija mía, que siempre han hecho las mismas maldades y las mismas tonterías, aunque no han cesado de mejorarse, acercándose todo lo posible, mas sin llegar nunca a las perfecciones que sólo posee Dios. Por último, me ha leído mi padre cosas sutiles y un poco hondas para ser penetradas de pronto, pero que suspenden y enamoran cuando se medita en ellas. Es lectura que a él no le agrada, por no comprenderla, y que a mí me ha cansado también unas veces, deleitándome otras. Pero no hay duda que cuando se da con un autor que sepa hablar con claridad, esas materias son preciosas. Contienen ideas sobre las causas y los efectos. Sobre el porqué de lo que pensamos y el modo cómo lo pensamos, y enseñan la esencia de todas las cosas.

La Nela parecía no entender ni una palabra de lo que su amigo decía; pero atendía con toda su alma, abriendo la boca. Para apoderarse de aquellas esencias y causas de que su amo le hablaba, abría el pico como el pájaro que acecha el vuelo de la mosca que quiere cazar.

—Pues bien —añadió él—: anoche leyó mi padre unas páginas sobre la belleza. Hablaba el autor de la belleza, y decía que era el resplandor de la bondad y de la verdad, con otros muchos conceptos ingeniosos, y tan bien traídos y pensados que daba gusto oírlos.

—Ese libro —dijo la Nela, queriendo demostrar suficiencia— no será como uno que tiene padre Centeno que llaman... *Las mil y no sé cuántas noches.*

—No es eso, tontuela; habla de la belleza en absoluto... ¿no entenderás esto de la belleza ideal?...; tampoco lo entiendes..., porque has de saber que hay una belleza que no se ve ni se toca, ni se percibe con ningún sentido.

—Como, por ejemplo, la Virgen María —interrumpió la Nela—, a quien no vemos ni tocamos. porque las imágenes no son ella misma, sino su retrato.

—Estás en lo cierto, así es. Pensando en esto, mi padre cerró el libro, y él decía una cosa y yo otra. Hablamos de la forma, y mi padre me dijo: «Desgraciadamente, tú no puedes comprenderla.» Yo sostuve que sí; dije que no había más que una sola belleza, y que ésa había de servir para todo.

La Nela, poco atenta a cosas tan sutiles, había cogido de las manos de su amigo las flores, y combinaba sus colores risueños.

—Yo tenía una idea sobre esto —añadió el ciego con mucha energía—, una idea con la cual estoy encariñado desde hace algunos meses. Sí, lo sostengo, lo sostengo... No, no me hacen falta los ojos para esto. Yo le dije a mi padre: «Concibo un tipo de belleza encantadora, un tipo que contiene todas las bellezas posibles; ese tipo es la Nela». Mi padre se echó a reír y me dijo que sí.

La Nela se puso como amapola, y no supo responder nada. Durante un breve instante de terror y ansiedad creyó que el ciego la estaba mirando.

—Sí, tú eres la belleza más acabada que puede imaginarse —añadió Pablo con calor—. ¿Cómo podría suceder que tu bondad, tu inocencia, tu candor, tu gracia tu imaginación, tu alma celestial y cariñosa, que ha sido capaz de alegrar mis tristes días; cómo podría suceder, cómo, que no estuviese representada en la misma hermosura?... Nela, Nela —añadió balbuciente y con afán—, ¿no es verdad que eres muy bonita?

La Nela calló. Instintivamente se había llevado las manos a la cabeza, enredando entre sus cabellos las florecitas medio ajadas que había cogido antes en la pradera.

—¿No respondes?... Es verdad que eres modesta. Si no lo fueras, no serías tan repreciosa como eres. Faltaría la lógica de las bellezas, y eso no puede ser. ¿No respondes?...

—Yo... —murmuró la Nela con timidez, sin dejar de la mano su tocado—, no sé...; dicen que cuando niña era muy bonita... Ahora...

—Y ahora también.

María, en su extraordinaria confusión, pudo hablar así:

—Ahora..., ya sabes tú que las personas dicen muchas tonterías..., se equivocan también...; a veces, el que tiene más ojos ve menos.

74

—¡Oh! ¡Qué bien dicho! Ven acá, dame un abrazo.

La Nela no pudo acudir pronto, porque habiendo conseguido sostener entre sus cabellos una como guirnalda de florecillas, sintió vivos deseos de observar el efecto de aquel atavío en el claro cristal del agua. Por primera vez desde que vivía se sintió presumida. Apoyándose en sus manos, asomose al estanque.

—¿Qué haces, Mariquilla?

—Me estoy mirando en el agua, que es como un espejo —replicó con la mayor inocencia, delatando su presunción.

—Tú no necesitas mirarte. Eres hermosa como los ángeles que rodean el trono de Dios.

El alma del ciego llenábase de entusiasmo y fervor.

—El agua se ha puesto a temblar —dijo la Nela—, y yo no me veo bien, señorito. Ella tiembla como yo. Ya está más tranquila, ya no se mueve... Me estoy mirando... ahora.

—¡Qué linda eres! Ven acá, niña mía —añadió el ciego, extendiendo sus brazos.

—¡Linda yo! —dijo ella, llena de confusión y ansiedad—. Pues esa que veo en el estanque no es tan fea como dicen. Es que hay también muchos que no saben ver.

—Sí, muchos.

—¡Si yo me vistiese como se visten otras...! —exclamó la chiquilla con orgullo.

—Te vestirás.

—¿Y ese libro dice que yo soy bonita? —preguntó ella, apelando a todos los recursos de convicción.

—Lo digo yo, que poseo una verdad inmutable —exclamó el ciego, llevado de su ardiente fantasía.

—Puede ser —observó la Nela, apartándose de su espejo pensativa y no muy satisfecha— que los hombres sean muy brutos y no comprendan las cosas como son.

—La Humanidad está sujeta a mil errores.

—Así lo creo —dijo Mariquilla, recibiendo gran consuelo con las palabras de su amigo—. ¿Por qué han de reírse de mí?

—¡Oh, miserable condición de los hombres! —exclamó el ciego, arrastrado al absurdo por su delirante entendimiento—. El don de la vista puede causar grandes extravíos..., aparta a los hombres de la posesión de la verdad absoluta..., y la verdad absoluta dice que tú eres hermosa, hermosa sin tacha ni sombra alguna de fealdad. Que me digan lo contrario, y les desmentiré... Váyanse ellos a paseo con sus formas. No..., la forma no puede ser la máscara de Satanás puesta ante la faz de Dios. ¡Ah!, ¡menguados! ¡A cuántos desvaríos os conducen vuestros ojos! Nela, Nela, ven acá, quiero tenerte junto a mí y abrazar tu preciosa cabeza.

María se arrojó en los brazos de su amigo.

—Chiquilla bonita —exclamó éste, estrechándola de un modo delirante contra su pecho—, ¡te quiero con toda mi alma!

La Nela no dijo nada. En su corazón, lleno de casta ternura, se desbordaban los sentimientos más hermosos. El joven, palpitante y conturbado, la abrazó más fuerte, diciéndole al oído:

—Te quiero más que a mi vida. Ángel de Dios, quiéreme o me muero.

María se soltó de los brazos de Pablo, y éste cayó en profunda meditación. Una fuerza poderosa, irresistible, la impulsaba a mirarse en el espejo del agua. Deslizándose suavemente llegó al borde, y vio allá sobre el fondo verdoso su imagen mezquina, con los ojuelos negros la tez pecosa, la naricilla picuda, aunque no sin gracia, el cabello escaso y la movible fisonomía de pájaro. Alargó su cuerpo para verse el busto, y lo halló deplorablemente desairado. Las flores que tenía en la cabeza se cayeron al agua, haciendo temblar la superficie, y con la superficie, la imagen. La hija de la Canela sintió como si arrancaran su corazón de raíz, y cayó hacia atrás murmurando:

—¡Madre de Dios, qué feísima soy!

—¿Qué dices, Nela? Me parece que he oído tu voz.

—No decía nada, niño mío... Estaba pensando..., sí, pensaba que ya es hora de volver a tu casa. Pronto será hora de comer.

—Sí, vamos, comerás conmigo, y esta tarde saldremos otra vez. Dame la mano; no quiero que te separes de mí.

Cuando llegaron a la casa, don Francisco Penáguilas estaba en el patio, acompañado de dos caballeros. Marianela reconoció al ingeniero de las minas y al individuo que se había extraviado en la Terrible la noche anterior.

—Aquí están —dijo— el señor ingeniero y su hermano, el caballero de anoche.

Miraban los tres hombres con visible interés al ciego, que se acercaba.

—Hace rato que te estamos esperando, hijo mío —indicó don Francisco, tomando al ciego de la mano y presentándole al doctor.

—Entremos —dijo el ingeniero.

—¡Benditos sean los hombres sabios y caritativos! —exclamó el padre, mirando a Teodoro. Pasen ustedes, señores. Que sea bendito el instante en que entran en mi casa.

—Veamos este caso —murmuró Golfín.

Cuando Pablo y los dos hermanos entraron, don Francisco se volvió hacia Mariquilla, que se había quedado en medio del patio, inmóvil y asombrada, y le dijo con bondad:

—Mira, Nela: más vale que te vayas. Mi hijo no puede salir esta tarde.

Y luego, como viese que no se marchaba, añadió:

—Puedes pasar a la cocina. Dorotea te dará alguna chuchería.

8

PROSIGUEN LAS TONTERÍAS

Al día siguiente, Pablo y su guía salieron de la casa a la misma hora del anterior; mas como estaba encapotado el cielo y soplaba un airecillo molesto que amenazaba convertirse en vendaval, decidieron que su paseo no fuera largo. Atravesando el prado comunal de Aldeacorba, siguieron el gran talud de las minas por Poniente con intención de bajar a las excavaciones.

—Nela, tengo que hablarte de una cosa que te hará saltar de alegría —dijo el ciego, cuando estuvieron lejos de la casa—. ¡Nela, yo siento en mi corazón un alborozo...! Me parece que el Universo, las Ciencias, la Historia, la Filosofía, la Naturaleza, todo eso que he aprendido se me ha metido dentro y se está paseando por mí... es como una procesión. Ya viste aquellos caballeros que me esperaban ayer...

—Don Carlos y su hermano, el que encontramos anoche.

—El cual es un famoso sabio que ha corrido por toda la América haciendo maravillosas curas... Ha venido a visitar a su hermano... Como don Carlos es tan buen amigo de mi padre, le ha rogado que me examine... ¡Qué cariñoso y qué bueno es! Primero estuvo hablando conmigo: preguntome varias cosas, y me contó otras muy chuscas y divertidas. Después díjome que me estuviese quieto, sentí sus dedos en mis párpados...; al cabo de un gran rato dijo unas palabras que no entendí: eran términos de Medicina. Mi padre no me ha leído nunca nada de Medicina. Acercáronme después a una ventana. Mientras me observaba con no sé qué instrumento, ¡había en la sala un silencio...! El doctor dijo después a mi padre: «Se intentará.» Decían otras cosas en voz muy baja para que no pudiera yo entenderlas, y creo que también hablaban por señas. Cuando se retiraron, mi padre me dijo: «Niño de mi alma, no puedo ocultarte la alegría que hay dentro de mí. Ese hombre, ese ángel de Dios, me ha dado esperanza, muy poca; pero la esperanza parece que se agarra más cuando más chica es. Quiero echarla de mí diciéndome que es imposible, no, no, casi imposible, y ella..., pegada como una lapa.» Así me habló mi padre. Por su voz conocí que lloraba... ¿Qué haces, Nela, estás bailando?

—No, estoy aquí, a tu lado.

—Como otras veces te pones a bailar desde que te digo una cosa alegre... ¿Pero hacia dónde vamos hoy?

—El día está feo. Vámonos hacia la Trascava, que es sitio abrigado, y después bajaremos al Barco y a la Terrible.

—Bien, como tú quieras... ¡Ay, Nela, compañera mía, si fuese verdad, si Dios quisiera tener piedad de mí y me concediera el placer de verte...! Aunque sólo durara un día mi vista, aunque volviera a cegar al siguiente, ¡cuánto se lo agradecería!

La Nela no dijo nada. Después de mostrar exaltada alegría, meditaba con los ojos fijos en el suelo.

—Se ven en el mundo cosas muy extrañas —añadió Pablo—, y la misericordia de Dios tiene así... ciertos exabruptos, lo mismo que su cólera. Vienen de improviso, después de largos tormentos y castigos, lo mismo que aparece la ira después de felicidades que se creían seguras y eternas, ¿no te parece?

—Sí, lo que tú esperas será —dijo la Nela con aplomo.

—¿Por qué lo sabes?

—Me lo dice mi corazón.

—¡Te lo dice tu corazón! ¿Y por qué no han de ser ciertos estos avisos? —manifestó Pablo con ardor—. Sí, las almas escogidas pueden en casos dados presentir un suceso. Yo lo he observado en mí, pues como el ver no me distrae del examen de mí mismo, he notado que mi espíritu me susurraba cosas incomprensibles. Después ha venido un acontecimiento cualquiera, y he dicho con asombro: «Yo sabía algo de esto.»

—A mí me sucede lo mismo —repuso la Nela—. Ayer me dijiste tú que me querías mucho. Cuando fui a mi casa, iba diciendo para mí: «Es cosa rara, pero yo sabía algo de esto.»

—Es maravilloso, chiquilla mía, cómo están acordadas nuestras almas. Unidas por la voluntad, no les falta más que un lazo. Ese lazo lo tendrán si yo adquiero el precioso sentido que me falta. La idea de ver no se determina en mi pensamiento si antes no acaricio en él la idea de quererte más. La adquisición de este sentido no significa para mí otra cosa que el don de admirar de un modo nuevo lo que ya me causa tanta admiración como amor... Pero se me figura que estás triste hoy.

—Sí que lo estoy..., y si he de decirte la verdad, no sé por qué... Estoy muy alegre y muy triste; las dos cosas a un tiempo. ¡Hoy está tan feo el día!... Valiera más que no hubiese día, y que fuera noche siempre.

—No, no; déjalo como está. Noche y día, si Dios dispone que yo sepa al fin diferenciarlos, ¡cuán feliz seré!... ¿Por qué nos detenemos?

—Estamos en un lugar peligroso. Apartémonos a un lado para tomar la vereda.

—¡Ah!, la Trascava. Este césped resbaladizo va bajando hasta perderse en la gruta. El que cae en ella no puede volver a salir. Vámonos, Nela; no me gusta este sitio.

—Tonto, de aquí a la entrada de la cueva hay mucho que andar. ¡Y qué bonita está hoy!

La Nela, deteniéndose y sujetando a su compañero por el brazo, observaba la boca de la sima, que se abría en el terreno en forma parecida a la de un embudo. Finísimo césped cubría las vertientes de aquel pequeño cráter cóncavo y profundo. En lo más hondo, una gran peña oblonga se extendía sobre el césped entre malezas, hinojos, zarzas, juncos y cantidad inmensa de pintadas florecillas. Parecía una gran lengua. Junto a ella se adivinaba, más bien que se veía, un hueco, un tragadero oculto por espesas hierbas, como las que tuvo que cortar Don Quijote cuando se descolgó dentro de la cueva de Montesinos.

La Nela no se cansaba de mirar.

—¿Por qué dices que está bonita esa horrenda Trascava? —le preguntó su amigo.

—Porque hay en ella muchas flores. La semana pasada estaban todas secas; pero han vuelto a nacer, y está aquello que da gozo verlo. ¡Madre de Dios! Hay muchos pájaros posados allí y muchísimas mariposas que están cogiendo miel en las flores... *Choto, Choto,* ven aquí no espantes a los pobres pajaritos.

El perro, que había bajado, volvió gozoso llamado por la Nela, y la pacífica república de pajarillos volvió a tomar posesión de sus estados.

—A mí me causa horror este sitio —dijo Pablo, tomando del brazo a la muchacha—. Y ahora, ¿vamos hacia las minas? Sí, ya conozco este camino. Estoy en mi terreno. Por aquí vamos derechos al Barco... *Choto,* anda delante; no te enredes en mis piernas.

Descendían por una vereda escalonada. Pronto llegaron a la concavidad formada por la explotación minera. Dejando la verde zona vegetal, habían entrado bruscamente en la geología, zanja enorme, cuyas paredes, labradas por el barreno y el pico, mostraban una interesante estratificación cuyas diversas capas ofrecían en el corte los más variados tonos y los materiales más diversos. Era aquel el sitio que a Teodoro Golfín le había parecido el interior de un gran buque náufrago, comido de las olas, y su nombre vulgar justificaba esta semejanza. Pero de día se admiraban principalmente las superpuestas cortezas de la estratificación, con sus vetas sulfurosas y carbonatadas; sus sedimentos negros, sus lignitos, donde yace el negro azabache; sus capas de tierra ferruginosa, que parece amasada con sangre; sus grandes y regulares láminas de roca, quebradas en mil puntos por el arte humano, y erizadas de picos, cortaduras y desgarrones. Era aquello como una herida abierta en el tejido orgánico y vista con microscopio. El arroyo, de aguas saturadas de óxido de hierro que corría por el centro, semejaba un chorro de sangre.

—¿En dónde está nuestro asiento? —preguntó el señorito de Penáguilas—. Vamos a él. Allí no nos molestará el aire.

Desde el fondo de la gran zanja subieron un poco por escabroso sendero, abierto entre rotas piedras, tierra y matas de hinojo, y se sentaron a la sombra de enorme peña agrietada, que presentaba en su centro una larga hendidura. Más bien eran dos peñas, pegada la una a la otra, con irregulares bordes, como dos gastadas mandíbulas que se esfuerzan en morder.

—¡Qué bien se está aquí! —dijo Pablo. A veces suele salir una corriente de aire por esa gruta; pero hoy no siento nada. Lo que siento es el gorgoteo del agua allá dentro, en las entrañas de la Trascava.

—Calladita está hoy —observó la Nela—. ¿Quieres echarte?

—Pues mira que has tenido una buena idea. Anoche no he dormido pensando en lo que mi padre me dijo, en el médico, en mis ojos... Toda la noche estuve sintiendo una mano que entraba en mis ojos y abría en ellos una puerta cerrada y mohosa.

Diciendo esto, sentose sobre la piedra, poniendo su cabeza sobre el regazo de la Nela.

—Aquella puerta —prosiguió—, que estaba allá en lo mas íntimo de mi sentido, abriose, como te he dicho dando paso a una estancia donde se encerraba la idea que me persigue. ¡Ay, Nela de mi corazón, chiquilla idolatrada, si Dios quisiera darme ese don que me falta!... Con el me creería el más feliz de los hombres, yo que casi lo soy, sólo con tenerte por amiga y compañera de mi vida. Para que los dos seamos uno solo me falta muy poco: no me falta más que verte y recrearme en tu belleza, con ese placer de la vista que no puedo comprender aún, pero que concibo de una manera vaga. Tengo la curiosidad del espíritu; la de los ojos me falta. Supóngola como una nueva manera del amor que te tengo. Yo estoy lleno de tu belleza, pero hay algo en ella que no me pertenece todavía.

—¿No oyes? —dijo la Nela de improviso, demostrando interés por cosa muy distinta de lo que su amigo decía.

—Aquí dentro... ¡La Trascava...; está hablando. Y la Trascava —observó la Nela, palideciendo— es un murmullo, un sí, sí, sí... A ratos oigo la voz de mi madre que dice clarito: «Hija mía, ¡qué bien se está aquí!»

—Es tu imaginación. También la imaginación habla; me olvidé de decirlo. La mía a veces se pone tan parlanchina que tengo que mandarla callar. Su voz es chillona, atropellada, inaguantable; así como la de la conciencia es grave, reposada, convincente, y lo que dice no tiene refutación.

—Ahora parece que llora... Se va poquito a poco perdiendo la voz —dijo la Nela, atenta a lo que oía.

De pronto salió por la gruta una ligera ráfaga de aire.

—¿No has notado que ha echado un gran suspiro?... Ahora se vuelve a oír la voz; habla bajo, y me dice al oído muy bajito, muy bajito...

—¿Qué te dice?

—Nada —replicó, bruscamente, María, después de una pausa—. Tú dices que son tonterías. Tendrás razón.

—Ya te quitaré yo de la cabeza esos pensamientos absurdos —dijo el ciego, tomándole la mano—. Hemos de vivir juntos toda la vida. ¡Oh, Dios mío! Si no he de adquirir la facultad de que me privaste al nacer, ¿para qué me has dado esperanzas? Infeliz de mí si no nazco de nuevo en manos del doctor Golfín. Porque esto será nacer otra vez. ¡Y qué nacimiento! ¡Qué nueva vida! Chiquilla mía, juro por la idea de Dios que tengo dentro de mí, clara, patente, inmutable, que tú y yo no nos separaremos jamás por mi voluntad. Yo tendré ojos, Nela, tendré ojos para poder recrearme en tu celestial hermosura, y entonces me casaré contigo. Serás mi esposa querida..., serás la vida de mi vida, el recreo y el orgullo de mi alma. ¿No dices nada a esto?

La Nela oprimió contra sí la hermosa cabeza del joven. Quiso hablar, pero su emoción no se lo permitía.

—Y si Dios no quiere otorgarme ese don —añadió el ciego—, tampoco te separarás de mí, también serás mi mujer, a no ser que te repugne enlazarte con un ciego. No, no, chiquilla mía, no quiero imponerte un yugo tan penoso. Encontrarás hombres de mérito que te amarán y que podrán hacerte feliz. Tu extraordinaria bondad, tus nobles prendas, tu belleza, han de cautivar los corazones y encender el más puro amor en cuantos te traten, asegurando un porvenir risueño. Yo te juro que te querré mientras viva, ciego o con vista, y que estoy dispuesto a jurarte delante de Dios un amor grande, insaciable, eterno. ¿No me dices nada?

—Sí, que te quiero mucho, muchísimo —dijo la Nela, acercando su rostro al de su amigo—. Pero no te afanes por verme. Quizá no sea yo tan guapa como tú eres.

Diciendo esto, la Nela, rebuscando en su faltriquera, sacó un pedazo de cristal azogado, resto inútil y borroso de un fementido espejo que se rompiera en casa de la Señana la semana anterior. Mirose en él; mas por causa de la pequeñez del vidrio, érale forzoso mirarse por partes, sucesiva y gradualmente, primero un ojo, después la nariz. Alejándolo, pudo abarcar la mitad del conjunto. ¡Ay! ¡Cuán triste fue el resultado de su examen! Guardó el espejillo, y gruesas lágrimas brotaron de sus ojos.

—Nela, sobre mi frente ha caído una gota. ¿Acaso?

—Sí, niño mío, parece que llueve —dijo la Nela, sollozando.

—No, es que lloras. Pues has de saber que me lo decía el corazón. Tú eres la misma bondad; tu alma y la mía están unidas por un lazo misterioso y divino; no se pueden separar, ¿verdad? Son dos partes de una misma cosa, ¿verdad?

—Verdad.

—Tus lágrimas me responden más claramente que cuanto pudieras decir. ¿No es verdad que me querrás mucho, lo mismo si me dan vista que si continúo privado de ella?

—Lo mismo, sí, lo mismo —afirmó la Nela, vehemente y turbada.

—¿Y me acompañarás?...

—Siempre, siempre.

—Oye tú —dijo el ciego con amoroso arranque—: si me dan a escoger entre no ver y perderte, prefiero...

—Prefieres no ver... ¡Oh! ¡Madre de Dios divino, qué alegría tengo dentro de mí!

—Prefiero no ver con los ojos tu hermosura, porque la veo dentro de mí, clara como la verdad que proclamo interiormente. Aquí dentro estás, y tu persona me seduce y enamora más que todas las cosas.

—Sí, sí, sí —afirmó la Nela con desvarío—; yo soy hermosa, soy muy hermosa.

—Oye tú: tengo un presentimiento..., sí, un presentimiento. Dentro de mí parece que está Dios hablándome y diciéndome que tendré ojos, que te veré, que seremos felices... ¿No sientes tú lo mismo?

—Yo... El corazón me dice que me verás...; pero me lo dice partiéndoseme.

—Veré tu hermosura, ¡qué felicidad! —exclamó el ciego, con la expresión delirante, que era su expresión más propia en ciertos momentos—. Pero si ya la veo; si la veo dentro de mí, clara como la verdad que proclamo y que me llena el alma.

—Sí, sí, sí... —repitió la Nela con desvarío, espantados los ojos, trémulos los labios—. Yo soy hermosa, soy muy hermosa.

—Bendita seas tú...

—¡Y tú! —añadió ella, besándole en la frente—. ¿Tienes sueño?

—Sí, principio a tener sueño. No he dormido anoche. Estoy tan bien aquí...

—Duérmete.

Principió a cantar con arrullo, como se canta a los niños soñolientos. Poco después, Pablo dormía. La Nela oyó de nuevo la voz de la Trascava, diciéndole: «Hija mía..., aquí, aquí.»

9

LOS GOLFINES

Teodoro Golfín no se aburría en Socartes. El primer día después de su llegada pasó largas horas en el laboratorio con su hermano, y en los siguientes recorrió de un cabo a otro las minas, examinando y admirando las distintas cosas que allí había, que ya pasmaban por la grandeza de las fuerzas naturales, ya por el poder y brío del arte de los hombres. De noche, cuando todo callaba en el industrioso Socartes, quedando sólo en actividad los bullidores hornos, el buen doctor, que era muy entusiasta músico, se deleitaba oyendo tocar el piano a su cuñada Sofía, esposa de Carlos Golfín y madre de varios chiquillos que se habían muerto.

Los dos hermanos se profesaban vivo cariño. Nacidos en la clase más humilde, habían luchado solos en edad temprana por salir de la ignorancia y de la pobreza viéndose a punto de sucumbir diferentes veces; mas tanto pudo en ellos el impulso de una voluntad heroica que, al fin, llegaron jadeantes a la ansiada orilla, dejando atrás las turbias olas en que se agita en constante estado de naufragio el grosero vulgo.

Teodoro, que era el mayor, fue médico antes que Carlos ingeniero. Ayudó a éste con todas sus fuerzas mientras el joven lo necesitara, y cuando le vio en camino, tomó el que anhelaba su corazón aventurero, yéndose a América. Allá trabajó, juntamente con otros afamados médicos europeos, adquiriendo bien pronto dinero y fama. Hizo un viaje a España, tornó al Nuevo Mundo; vino más tarde, para regresar al poco tiempo. En cada una de estas excursiones daba la vuelta a Europa para apropiarse los progresos de la ciencia oftálmica, que cultivaba.

Era un hombre de facciones bastas, moreno, de fisonomía tan inteligente como sensual, labios gruesos, pelo negro y erizado, mirar centelleante, naturaleza incansable, constitución fuerte, si bien algo gastada por el clima americano. Su cara, grande y redonda; su frente huesuda, su melena rebelde aunque corta; el fuego de sus ojos, sus gruesas manos, habían sido motivo para que dijeran de él: «Es un león negro.» En efecto: parecía un león, y, como el rey de los animales, no dejaba de manifestar a cada momento la estimación en que a sí mismo se tenía. Pero la vanidad de aquel hombre insigne era la más disculpable de todas las vanidades, pues consistía en sacar a relucir dos títulos de gloria, a saber: su pasión por la cirugía y la humildad de su origen. Hablaba, por lo general, incorrectamente, por ser incapaz de construir con gracia y elegancia las oraciones. Sus frases, rápidas y entrecortadas, se acomodaban a la emisión de su pensamiento, que era una especie de emisión eléctrica. Muchas veces, Sofía, al pedirle su opinión sobre cualquier cosa, decía: «A ver lo que piensa de esto la Agencia Havas.»

—Nosotros —indicaba Teodoro—, aunque descendemos de las hierbas del campo, que es el más bajo linaje que se conoce, nos hemos hecho árboles corpulentos... ¡Viva el trabajo y la iniciativa del hombre!... Yo creo que los Golfines, aunque, aparentemente, venimos de maragatos, tenemos sangre inglesa en nuestras venas... Hasta nuestro apellido parece que es de pura casta sajona. Yo lo descompondría de este modo: *Gold*, oro...; *to find*, hallar... Es, como si dijéramos, buscador de oro... He aquí que mientras mi hermano lo busca en las entrañas de la tierra, yo lo busco en el interior maravilloso de ese universo en abreviatura que se llama el ojo humano.

En la época de esta veraz historia venía de América por vía de Nueva York-Liverpool, y, según dijo, su expatriación había cesado definitivamente; pero no le creían, por haber expresado lo mismo en otras ocasiones y haber hecho lo contrario.

Su hermano Carlos era un bendito, hombre muy pacífico, estudioso, esclavo de su deber, apasionado por la Mineralogía y la Metalurgia hasta poner a estas dos mancebas cien codos más altas que su mujer. Por lo demás, ambos cónyuges vivían en

conformidad completa o, como decía Teodoro, en estado iso-
mórfico, porque cristalizaban en un mismo sistema. En cuanto a
él siempre que se hablaba de matrimonio, decía, riendo «El
matrimonio sería para mí una epigénesis o cristal *seudomórfico,*
es decir, un sistema de cristalización que no me corresponde.»

Era Sofía una excelente señora, de regular belleza, cada día
reducida a menor expresión por una tendencia lamentable a la
obesidad. La habían dicho que la atmósfera del carbón de piedra
enflaquecía, y por eso fue a vivir a las minas, con propósito de
pasar en ellas todo el año. Por lo demás, aquella atmósfera, satu-
rada de polvo de calamina y de humo, causábale no poco disgusto. No tenía hijos vivos, y su principal ocupación consistía
en tocar el piano y en organizar asociaciones benéficas de señoras para socorros domiciliarios y sostenimiento de hospitales y
escuelas. En Madrid, y durante buena porción de años, su actividad había hecho prodigios ofreciendo ejemplos dignos de
imitación a todas las almas aficionadas a la caridad. Ayudada
de dos o tres señoras de alto linaje, igualmente amantes del prójimo, había logrado celebrar más de veinte funciones dramáticas, otros tantos bailes de máscaras, seis corridas de toros y dos
de gallos, todo en beneficio de los pobres.

En el número de sus vehemencias, que solían ser pasajeras,
contábase una que quizá no sea tan recomendable como aquella de socorrer a los menesterosos, y consistía en rodearse de
perros y gatos, poniendo en estos animales un afecto que al
mismo amor se parecía. Últimamente, y cuando residía en el
establecimiento de Socartes, tenía un *toy terrier* que por encargo le había traído de Inglaterra Ulisis Bull, jefe del taller de
maquinaria. Era un galguito fino y elegante, delicado y mimo-
so como un niño. Se llamaba *Lili,* y había costado en Londres
doscientos duros.

Los Golfines paseaban en los días buenos; en los malos,
tocaban el piano o cantaban, pues Sofía tenía cierto chillido
que podía pasar por canto en Socartes. El ingeniero segundo
tenía voz de bajo, Teodoro también era bajo profundo; Carlos,
allá se iba; de modo que armaban una especie de coro de sacerdotes, en el cual descollaba la voz de Sofía como sacerdotisa a

quien van a llevar al sacrificio. Todas las piezas que se cantaban eran, o si no lo eran lo parecían, de sacerdotes sacrificadores y sacerdotisa sacrificada.

En los días de paseo solían merendar en el campo. Una tarde (a últimos de septiembre y seis días después de la llegada de Teodoro a las minas) volvían de su excursión en el orden siguiente: *Lili,* Sofía, Teodoro, Carlos. La estrechez del sendero no les permitía caminar de dos en dos. *Lili* llevaba su manta o gabancito azul con las iniciales de su ama. Sofía apoyaba en su hombro el palo de la sombrilla, y Teodoro llevaba en la misma postura su bastón, con el sombrero en la punta. Gustaba mucho de pasear con la deforme cabeza al aire. Pasaban al borde de la Trascava, cuando *Lili,* desviándose del sendero con la elástica ligereza de sus patillas como alambres, echó a correr césped abajo por la vertiente del embudo. Primero corría, después resbalaba. Sofía dio un grito de terror. Su primer movimiento, dictado por un afecto que parecía materno, fue correr detrás del animal, tan cercano al peligro; pero su esposo la contuvo, diciendo:

—Deja que se lleve el demonio a *Lili,* mujer, él volverá. No se puede bajar; este césped es muy resbaladizo.

—¡*Lili, Lili!...* —gritaba Sofía, esperando que sus amantes ayes detendrían al animal en su camino de perdición, trayéndole al de la virtud.

Las voces más tiernas no hicieron efecto en el revoltoso ánimo de *Lili,* que seguía bajando. A veces miraba a su ama, y con sus expresivos ojuelos negros parecía decirle: «Señora, por el amor de Dios, no sea usted tan tonta.»

Lili se detuvo en la gran peña blanquecina, agujereada, musgosa, que en la boca misma del abismo se veía, como encubriéndola. Fijáronse allí todos los ojos y al punto observaron que se movía un objeto. Creyeron de pronto ver un animal dañino que se ocultaba detrás de la peña; pero Sofía lanzó un nuevo grito, el cual antes era de asombro que de terror.

—¡Si es la Nela!... Nela, ¿qué haces ahí?

Al oír su nombre, la muchacha se mostró toda turbada y ruborosa.

—¿Qué haces ahí, loca? —repitió la dama—. Coge a *Lili* y
tráemelo... ¡Válgame Dios lo que inventa esta criatura! Miren
dónde ha ido a meterse. Tú tienes la culpa de que *Lili* haya
bajado... ¡Qué cosas le enseñas al animalito! Por tu causa es tan
mal criado y tan antojadizo.

—Esa muchacha es de la piel de Barrabás —dijo don Carlos a su hermano—. ¡Vaya dónde se ha ido a poner!

Mientras esto se decía en el borde de la Trascava, abajo la
Nela había emprendido la persecución de *Lili* el cual, más tra-
vieso y calavera en aquel día que en ningún otro de su monóto-
na existencia, huía de las manos de la chicuela. Gritábale la
dama, exhortándole a ser juicioso y formal; pero él, poniendo
en olvido las más vulgares nociones del deber, empezó a dar
brincos y a mirar con descaro a su ama, como diciéndole:
«Señora, ¿quiere usted irse a paseo y dejarme en paz?»

Al final, *Lili* dio con su elegante cuerpo en medio de las zarzas que cubrían la boca de la cueva, y allí la mantita de que iba
vestido fuele de grandísimo estorbo. El animal, viéndose imposibilitado de salir de entre la maleza, empezó a ladrar, pidiendo
socorro.

—¡Que se me pierde! ¡Que se me mata! —exclamó,
gimiendo, Sofía—. ¡Nela, Nela, si me lo sacas te doy un perro
grande! ¡Sácalo..., ve con cuidado..., agárrate bien!

La Nela se deslizó intrépidamente, poniendo su pie sobre
las zarzas y robustos hinojos que tapaban el abismo; y soste-
niéndose con una mano en las asperezas de la peña, alargó la
otra hasta pillar el rabo de *Lili*, con lo cual le sacó del aprieto
en que estaba. Acariciando al animal, subió triunfante a los
bordes del embudo.

—Tú, tú, tú tienes la culpa —díjole Sofía de mal talante,
aplicándole tres suaves coscorrones—, porque si no te hubieras
metido allí... Ya sabes que va detrás de ti dondequiera que te
encuentre... ¡Buena pieza!...

Y luego, besando al descarriado animal y administrándole
dos nalgadas, después de cerciorarse que no había padecido
avería de fundamento en su estimable persona, le arregló la

mantita, que se le había puesto por montera, y lo entregó a Nela, diciéndole:

—Toma, llévalo en brazos, porque estará cansado y estas largas caminatas pueden hacerle daño. Cuidado... Anda delante de nosotros... Cuidado, te repito... Mira que voy detrás, observando lo que haces.

Púsose de nuevo en marcha la familia, precedida por la Nela. *Lili* miraba a su ama por encima del hombro de la chiquilla, y parecía decirle: «¡Ay, señora, pero qué boba es usted!»

Teodoro Golfín no había dicho nada durante el conmovedor peligro del hermoso *Lili,* pero cuando se pusieron en marcha por la gran pradera, donde los tres podían ir al lado uno de otro sin molestarse, el doctor dijo a la mujer de su hermano:

—Estoy pensando, querida Sofía, que ese animal te inquieta demasiado. Verdad que un perro que cuesta doscientos duros no es un perro como otro cualquiera. Yo me pregunto por qué has empleado el tiempo y el dinero en hacerle un gabán a ese señorito canino, y no se te ha ocurrido comprarle unos zapatos a la Nela.

—¡Zapatos a la Nela! —exclamó Sofía, riendo—. Y yo pregunto: ¿para qué los quiere?... Tardaría dos días en romperlos. Podrás reírte de mí todo lo que quieras... Bien, yo comprendo que cuidar mucho a *Lili* es una extravagancia...; pero no podrás acusarme de falta de caridad... Alto ahí, eso sí que no te lo permito —al decir esto, tomaba un tono muy serio con evidente expresión de orgullo—. Y en lo de saber practicar la caridad con prudencia y tino, tampoco creo que me eche el pie adelante persona alguna... No consiste, no, la caridad en dar sin ton ni son cuando no existe la seguridad de que la limosna ha de ser bien empleada. ¡Si querrás darme lecciones!... Mira, Teodoro, que en eso sé tanto como tú en el tratado de los ojos.

—Sí; ya sabemos, querida, que has hecho maravillas. No me cuentes otra vez lo de las funciones dramáticas, bailes y corridas de toros, organizadas por tu ingenio para alivio de los pobres, ni lo de las rifas, que, poniendo en juego grandes sumas, han servido, en primer lugar, para dar de comer a unos cuantos holgazanes, quedando solo para los enfermos un resto de poca monta. Todo eso sólo me prueba las singulares costumbres de una sociedad que no sabe ser caritativa, sino bailando, toreando y jugando a la lotería... No hablemos de eso, ya conozco estas heroicidades y las admiro; también eso tiene su mérito, y no poco. Pero tú y tus amigas rara vez os acercáis a un pobre para saber de su misma boca la causa de su miseria..., ni para observar qué clase de miseria le aqueja, pues hay algunas tan extraordinarias, que no se alivian con la fácil limosna del ochavo..., ni tampoco con el mendrugo de pan...

—Ya tenemos a nuestro filósofo en campaña —dijo Sofía con mal humor—. ¿Qué sabes tú lo que yo he hecho ni lo que he dejado de hacer?

—No te enfades, hija —replicó Golfín—; todos mis argumentos van a parar a un punto, y es que debiste comprarle zapatos a Nela.

—Pues mira, mañana mismo los tendrá.

—No, porque esta misma noche se los compraré yo. No se meta usted en mis dominios, señora.

—¡Eh..., Nela! —gritó Sofía, viendo que la chiquilla estaba a larga distancia—. No te alejes mucho; que te vea yo, para saber lo que haces.

—¡Pobre criatura! —dijo Carlos—. ¡Quién ha de decir que eso tiene dieciséis años!

—Atrasadilla está. ¡Qué desgracia! —exclamó Sofía—. Y yo me pregunto: ¿para qué permite Dios que tales criaturas vivan?... Y me pregunto también: ¿qué es lo que se puede hacer por ella? Nada, nada más que darle de comer, vestirla... hasta cierto punto... Ya se ve..., rompe todo lo que le ponen encima. Ella no puede trabajar, porque se desmaya; ella no tiene fuerzas para nada. Saltando de piedra en piedra, subiéndose a los árboles, jugando y enredando todo el día y cantando como los pájaros, cuanto se le pone encima conviértese pronto en jirones...

—Pues yo he observado en la Nela —dijo Carlos— algo de inteligencia y agudeza de ingenio bajo aquella corteza de candor y salvaje rusticidad. No, señor, la Nela no es tonta, ni mucho menos. Si alguien se hubiera tomado el trabajo de enseñarle alguna cosa, habría aprendido mejor quizá que la mayoría de los chicos. ¿Qué creen ustedes? La Nela tiene imaginación: por tenerla y carecer hasta de la enseñanza más rudimentaria es sentimental y supersticiosa.

—Eso es; se halla en la situación de los pueblos primitivos —afirmó Teodoro—. Está en la época del pastoreo.

—Ayer precisamente —añadió Carlos— pasaba yo por la Trascava y la vi en el mismo sitio donde la hemos hallado hoy. La llamé, hícela salir, le pregunté qué hacía en aquel sitio, y con la mayor sencillez del mundo me contestó que estaba hablando con su madre... Tú no sabes que la madre de la Nela se arrojó por esa sima.

—Es decir, que se suicidó —dijo Sofía—. Era una mujer de mala vida y peores ideas, según he oído contar. Nos han dicho que se embriagaba como un fogonero. Y yo me pregunto: esos seres tan envilecidos que terminan una vida de crímenes con el mayor de todos, que es el suicidio, ¿merecen la compasión del género humano? Hay cosas que horripilan; hay personas que no debieran haber nacido, no, señor, y Teodoro podrá decir todas las sutilezas que quiera, pero yo me pregunto...

—No, no te preguntes nada, hermana querida —dijo vivamente, Teodoro—. Yo te responderé que el suicida merece la más viva, la más cordial compasión. En cuanto a vituperio, échesele encima todo el que haya disponible; pero al mismo tiempo... bueno será indagar qué causas le llevaron a tan horrible extremo de desesperación..., y observaría si la sociedad no le ha dejado abierto, desamparándole en absoluto, la puerta de ese abismo horrendo que le llama...

—¡Desamparado de la sociedad! Hay algunos que lo están... —dijo Sofía, con impertinencia—. La sociedad no puede amparar a todos. Mira la estadística, Teodoro; mírala y verás la cifra de pobres... Pero si la sociedad desampara a alguien, ¿para qué sirve la religión?

—Refiérome al miserable desesperado que reúne a todas las miserias la miseria mayor, que es la ignorancia... El ignorante envilecido y supersticioso sólo posee nociones vagas y absurdas de la Divinidad... Lo desconocido, lejos de detenerle, le impulsa más a cometer su crimen... Rara vez hará beneficios la idea religiosa al que vegeta en estúpida ignorancia. A él no se acerca amigo inteligente, ni maestro, ni sacerdote. No se le acerca sino el juez que ha de mandarle a presidio... Es singular el rigor con que condenáis vuestra propia obra —añadió con vehemencia, enarbolando el palo, en cuya punta tenía su sombrero—. Estáis viendo delante de vosotros, al pie mismo de vuestras cómodas casas, a una multitud de seres abandonados, faltos de todo lo que es necesario a la niñez, desde los padres hasta los juguetes...; les estáis viendo, sí..., nunca se os ocurre infundirles un poco de dignidad, haciéndoles saber que son seres humanos, dándoles las ideas de que carecen; no se os ocurre ennoblecerles, haciéndoles pasar del bestial trabajo mecánico al trabajo de la inteligencia; les veis viviendo en habitaciones inmundas, mal alimentados, perfeccionándose cada día en su salvaje rusticidad, y no se os ocurre extender un poco hasta ellos las comodidades de que estáis rodeados... ¡Toda la energía la guardáis luego para declamar contra los homicidios, los robos y el suicidio, sin reparar que sostenéis escuela permanente de estos tres crímenes!

—No sé para qué están ahí los asilos de beneficencia —dijo, agriamente, Sofía—. Lee la estadística, Teodoro, léela, y verás el número de desdichados... Lee la estadística...

—Yo no leo la estadística, querida hermana, ni me hace falta para nada tu estadística. Buenos son los asilos, pero no, no bastan para resolver el gran problema que ofrece la orfandad. El miserable huérfano, perdido en las calles y en los campos, desamparado de todo cariño personal y acogido sólo por las corporaciones, rara vez llena el vacío que forma en su alma la carencia de familia...; ¡oh!, vacío donde debían estar, y rara vez están, la nobleza, la dignidad y la estimación de sí mismo. Sobre este tema tengo una idea, es una idea mía; quizá os parezca un disparate.

—Dínosla.

—El problema de la orfandad y de la miseria infantil no se resolverá nunca en absoluto, como no se resolverán tampoco sus compañeros los demás problemas sociales; pero habrá un alivio a mal tan grande cuando las costumbres, apoyadas por las leyes..., por las leyes, ya veis que esto no es cosa de juego, establezcan que todo huérfano, cualquiera que sea su origen..., no reírse..., tenga derecho a entrar en calidad de hijo adoptivo, en la casa de un matrimonio acomodado que carezca de hijos. Ya se arreglarían las cosas de modo que no hubiera padres sin hijos, ni hijos sin padres.

Con tu sistema —dijo Sofía—ya se arreglarían las cosas de modo que nosotros fuésemos papás de la Nela.

—¿Por qué no? —repuso Teodoro—. Entonces no gastaríamos doscientos duros en comprar un perro, ni estaríamos todo el santo día haciendo mimos al señorito *Lili*.

—¿Y por qué han de estar exentos de esa graciosa ley los solteros ricos? ¿Por qué no han de cargar ellos también con su huérfano, como cada hijo de vecino?

—No me opongo —dijo el doctor, mirando al suelo—. ¿Pero qué es esto?... ¡Sangre!...

Todos miraron al suelo, donde se veían, de trecho en trecho, manchitas de sangre.

—¡Jesús! —exclamó Sofía, apretando los ojos—. Si es la Nela. Mira cómo se ha puesto los pies.

—Ya se ve... Como tuvo que meterse entre las zarzas para coger a tu dichoso *Lili*. Nela, ven acá.

La Nela, cuyo pie derecho estaba ensangrentado, se acercó, cojeando.

—Dame al pobre Lili —dijo Sofía, tomando el canino de manos de la vagabunda—. No vayas a hacerle daño. ¿Te duele mucho? ¡Pobrecita! Eso no es nada. ¡Oh, cuánta sangre!... No puedo ver eso.

Sensible y nerviosa, Sofía se volvió de espaldas, acariciando a *Lili*.

—A ver, a ver qué es eso —dijo Teodoro, tomando a la Nela en sus brazos y sentándola en una piedra de la cerca inmediata.

Poniéndose sus lentes, le examinó el pie.

—Es poca cosa: dos o tres rasguños... Me parece que tienes una espina dentro... ¿Te duele? Sí, aquí está la pícara... Aguarda un momento. Sofía, echa a correr si te molesta ver una operación quirúrgica.

Mientras Sofía daba algunos pasos para poner su precioso sistema nervioso a cubierto de toda alteración, Teodoro Golfín sacó su estuche, del estuche unas pinzas, y en un santiamén extrajo la espina.

—¡Bien por la mujer valiente! —dijo, observando la serenidad de la Nela—. Ahora vendemos el pie.

Con su pañuelo vendó el pie herido. Marianela trató de andar. Carlos le dio la mano.

—No, no, ven acá —dijo Teodoro, cogiendo a Marianela por los brazos.

Con rápido movimiento levantola en el aire y la sentó sobre su hombro derecho.

—Si no estás segura, agárrate a mis cabellos, son fuertes. Ahora lleva tú el palo con el sombrero.

—¡Qué facha! —exclamó Sofía, muerta de risa al verlos venir—. Teodoro con la Nela al hombro, y luego el palo con el sombrero de Gessler.

10

HISTORIA DE DOS HIJOS DEL PUEBLO

—Aquí tienes, querida Sofía —dijo Teodoro—, un hombre que sirve para todo. Este es el resultado de nuestra educación, ¿verdad, Carlos? Bien sabes que no hemos sido criados con mimo; que desde nuestra más tierna infancia nos acostumbramos a la idea de que no había nadie inferior a nosotros... Los hombres que se forman solos, como nosotros nos formamos: los que, sin ayuda de nadie, ni más amparo que su voluntad y noble ambición, han logrado salir triunfantes en la lucha por la existencia..., sí, ¡demonio!, éstos son los únicos que saben cómo se ha de tratar a un menesteroso. No te cuento diversos hechos de mi vida, atañederos a esto del prójimo como a ti mismo, por no caer en el feo pecado de la propia alabanza y por temor a causar envidia a tus rifas y a tus bailoteos filantrópicos. Quédese esto aquí.

—Cuéntalos, cuéntalos otra vez, Teodoro.

—No, no... Todo eso debe callarse; así lo manda la modestia. Confieso que no poseo en alto grado esta virtud preciosa; yo no carezco de vanidades, y entre ellas tengo la de haber sido mendigo, de haber andado descalzo con mi hermanito Carlos, y dormir con él en los huecos de las puertas, sin amparo, sin abrigo, sin familia. Yo no sé qué extraordinario rayo de energía y de voluntad vibró dentro de mí. Tuve una inspiración. Comprendí que delante de nuestros pasos se abrían dos sendas: la del presidio, la de la gloria. Cargué en mis hombros a mi pobre hermanito, lo mismo que hoy cargo a la Nela, y dije: «Padre nuestro que estás en los cielos, sálvanos...». Ello es que nos salvamos. Yo aprendí a leer y enseñé a leer a mi hermano. Yo serví a diversos amos, que me daban de comer y me permitían ir a la escuela. Yo guardaba mis propinas; yo compré una hucha... Yo reuní para comprar libros... Yo no sé cómo entré en los Escolapios; pero ello es que entré, mientras mi hermano se ganaba su pan haciendo recados en una tienda de ultramarinos...

—¡Qué cosas tienes! —exclamó Sofía, muy desazonada, porque no gustaba de oír aquel tema—. Y yo me pregunto: ¿a qué viene el recordar tales niñerías? Además, tú las exageras mucho.

—No exagero nada —dijo Teodoro, con brío—. Señora, oiga usted y calle... Voy a poner cátedra de esto... Óiganme todos los pobres, todos los desamparados, todos los niños perdidos... Yo entré en los Escolapios como Dios quiso; yo aprendí como Dios quiso... Un bendito padre diome buenos consejos y me ayudó con sus limosnas... Sentí afición a la Medicina... ¿Cómo estudiarla sin dejar de trabajar para comer? ¡Problema terrible!... Querido Carlos, ¿te acuerdas de cuando entramos los dos a pedir trabajo en una barbería de la antigua calle de Cofreros?... Nunca habíamos cogido una navaja en la mano, pero era preciso ganarse el pan afeitando... Al principio ayudábamos..., ¿te acuerdas, Carlos?... Después empuñamos aquellos nobles instrumentos... La flebotomía fue nuestra salvación. Yo empecé los estudios anatómicos. ¡Ciencia admirable, divina! Tanto era el trabajo escolástico, que tuve que abandonar la barbería de aquel famoso maestro Cayetano... El día en que me despedí, él lloraba... Diome dos duros, y su mujer me obsequió con unos pantalones viejos de su esposo... Entré a servir de ayuda de cámara. Dios me protegía, dándome siempre buenos amos. Mi afición al estudio interesó a aquellos benditos señores, que me dejaban libre todo el tiempo que podían. Yo velaba estudiando. Yo estudiaba durmiendo. Yo deliraba, y, limpiando la ropa, repasaba en la memoria las piezas del esqueleto humano... Me acuerdo que el cepillar la ropa de mi amo me servía para estudiar la miología... Limpiando una manga, decía: «músculo deltoides, bíceps, cubital», y en los pantalones: «músculos glúteos, psoas, gemelos, tibial, etc.». En aquella casa dábanme sobras de comida, que yo llevaba a mi hermano, habitante en casa de unos dignos ropavejeros. ¿Te acuerdas, Carlos?

—Me acuerdo —dijo Carlos con emoción—. Y gracias que encontré quien me diera casa por un pequeño servicio de llevar cuentas. Luego tuve la dicha de tropezar con aquel coronel retirado, que me enseñó las matemáticas elementales.

—Bueno; no hay guiñapo que no saquen ustedes hoy a la calle —observó Sofía.

—Mi hermano me pedía pan —añadió Teodoro— y yo le respondía: «¿Pan has dicho? Toma matemáticas...». Un día mi amo me dio entradas para el teatro de la Cruz; llevé a mi hermano y nos divertimos mucho pero Carlos cogío una pulmonía... ¡Obstáculo terrible, inmenso! Esto era recibir un balazo al principio de la acción... Pero no, ¿quién desmaya? Adelante..., a curarle se ha dicho. Un profesor de la Facultad, que me había tomado gran cariño, se prestó a curarle.

—Fue milagro de Dios que me salvara en aquel cuchitril inmundo, almacén de trapo viejo, de hierro viejo y de cuero viejo.

—Dios estaba con nosotros..., bien claro se veía... Habíase puesto de nuestra parte... ¡Oh, bien sabía yo a quién me arrimaba! —prosiguió Teodoro, con aquella elocuencia nerviosa, rápida, ardiente, que era tan suya como las melenas negras y la cabeza de león—. Para que mi hermano tuviera medicinas fue preciso que yo me quedara sin ropa. No pueden andar juntas la farmacopea y la indumentaria. Receta tras receta, el enfermo consumió mi capa, después mi levita..., mis calzones se convirtieron en píldoras... Pero mis amos no me abandonaban... Volví a tener ropa, y mi hermano salió a la calle. El médico me dijo: «Que vaya a convalecer al campo...». Yo medité... ¿Campo dijiste? Que vaya a la Escuela de Minas. Mi hermano era gran matemático. Yo le enseñé la Química...; pronto se aficionó a los pedruscos, y antes de entrar en la Escuela, ya salía al campo de San Isidro a recoger guijarros. Yo seguía adelante en mi navegación por entre olas y huracanes... Cada día era más médico; un famoso operador me tomó por ayudante, dejé de ser criado... Empecé a servir a la Ciencia...; mi amo cayó enfermo; asistile como una hermana de la Caridad... Murió, dejándome un legado..., ¡donosa idea! Consistía en un bastón, una máquina para hacer cigarrillos, un cuerno de caza y cuatro mil reales en dinero... ¡Una fortuna!... Mi hermano tuvo libros; yo ropa, y cuando me vestí de gente, empecé a tener enfermos. Parece que la Humanidad perdía la salud sólo por darme trabajo... ¡Adelante, siempre adelante!... Pasaron años, años... Al fin, vi desde lejos el puerto de refugio después de grandes tormentas... Mi hermano y yo bogábamos sin gran trabajo..., ya no estábamos tristes... Dios sonreía dentro de nosotros. ¡Bien por los Golfines!... Dios les había dado la mano. Yo empecé a estudiar los ojos, y en poco tiempo dominé la catarata; pero yo quería más... Gané algún dinero, pero mi hermano consumía bastante... Al fin, Carlos salió de la Escuela... ¡Vivan los hombres valientes!... Después de dejarle colocado en Riotinto, con un buen sueldo, me marché a América. Yo había sido una especie de Colón, el Colón del trabajo, y una especie de Hernán Cortés; yo había descubierto en mí un nuevo mundo, y, después de descubrirlo, lo había conquistado.

—Alábate, pandero —dijo Sofía, riendo.

—Si hay héroes en el mundo, tú eres uno de ellos —afirmó Carlos, demostrando gran admiración por su hermano.

—Prepárese usted ahora, señor semidiós —dijo Sofía—, a coronar todas sus hazañas haciendo un milagro, que milagro será dar la vista a un ciego de nacimiento... Mira: allí sale don Francisco a recibirnos.

Avanzando por lo alto del cerro que limita las minas del lado de Poniente, habían llegado a Aldeacorba, y la casa del señor de Penáguilas, que, echándose el chaquetón a toda prisa, salió al encuentro de sus amigos. Caía la tarde.

11

EL PATRIARCA DE ALDEACORBA

—Ya la están ordeñando —dijo, antes de saludarles—. Supongo que todos tomarán leche. ¿Cómo va ese valor doña Sofía?... ¿Y usted, don Teodoro?... ¡Buena carga se ha echado a cuestas! ¿Qué tiene María Canela?... ¿Una patita mala? ¿De cuándo acá gastamos esos mimos?

Entraron todos en el patio de la casa. Oíanse los graves mugidos de las vacas, que acababan de entrar en el establo, y este rumor, unido al grato aroma campesino del heno que los mozos subían al pajar, recreaba dulcemente los sentidos y el ánimo.

El médico sentó a la Nela en un banco de piedra, y ella, paralizada por el respeto, sin hacer movimiento alguno, miraba a su bienhechor con asombro.

—¿En dónde está Pablo? —preguntó el ingeniero.

—Acaba de bajar a la huerta —replicó el señor de Penáguilas, ofreciendo una rústica silla a Sofía—. Oye, Nela, ve y acompáñale.

No, no quiero que ande todavía —objetó Teodoro, deteniéndola—. Además, tomará leche con nosotros.

—¿No quiere usted ver a mi hijo esta tarde? —preguntó el señor de Penáguilas.

Con el examen de ayer me basta —replicó Golfín—. Puede hacerse la operación.

—¿Con éxito?

—¡Ah! ¡Con éxito...! Eso no puede decirse. Gran placer sería para mí dar la vista a quien tanto la merece. Su hijo de usted posee una inteligencia de primer orden, una fantasía superior, una bondad exquisita. Su absoluto desconocimiento del mundo visible hace resaltar más aquellas grandiosas cualidades... Se nos presentan solas, admirablemente sencillas, con todo el candor y el encanto de las creaciones de la Naturaleza, donde no ha entrado el arte de los hombres. En él todo es idealismo, un idealismo grandioso, enormemente bello. Es como un yacimiento colosal, como el mármol en las canteras... No conoce la realidad...; vive la vida interior, la vida de ilusión pura... ¡Oh! ¡Si pudiéramos darle vista!... A veces me digo: «¡Si al darle ojos le convertiremos de ángel en hombre!...». Problema, duda tenemos aquí... Pero hagámosle hombre: ese es el deber de la Ciencia: traigámosle del mundo de las ilusiones a la esfera de la realidad, y entonces sus ideas serán exactas, tendrá el don precioso de apreciar en su verdadero valor todas las cosas.

Sacaron los vasos de leche blanca, espumosa, tibia, rebosando de los bordes con hirviente oleada. Ofreció Penáguilas el primero a Sofía, y los caballeros se apoderaron de los otros dos. Golfín dio el suyo a la Nela, que, abrumada de vergüenza, se negaba a tomarlo.

—Vamos, mujer —dijo Sofía—, no seas mal criada; toma lo que te dan.

—Otro vaso para el señor don Teodoro —dijo don Francisco al criado.

Oyose en seguida el rumorcillo de los chorros que salían de la estrujada ubre.

—Y tendrá la apreciación justa de todas las cosas —dijo don Francisco, repitiendo esta frase del doctor, la cual había hecho no poca impresión en su espíritu—. Ha dicho usted, señor don Teodoro, una cosa admirable. Y ya que de esto hablamos, quiero confiarles las inquietudes que hace días tengo. Sentareme también.

Acomodose don Francisco en un banco próximo. Teodoro, Carlos y Sofía se habían sentado en sillas traídas de la casa, y la Nela continuaba en el banco de piedra. La leche que acababa de tomar le había dejado un bigotillo blanco en su labio superior.

—Pues decía, señor don Teodoro, que hace días me tiene inquieto el estado de exaltación en que se halla mi hijo; yo lo atribuyo a la esperanza que le hemos dado... Pero hay más, hay más. Ya sabe usted que acostumbro leerle diversos libros. Creo que se enardece demasiado su pensamiento con mis lecturas, y que se ha desarrollado en él una cantidad de ideas superiores a la capacidad del cerebro de un hombre que no ve. No sé si me explico bien.

—Perfectamente.

—Sus cavilaciones no acaban nunca. Yo me asombro de oírle y del meollo y agudeza de sus discursos. Creo que su sabiduría está llena de mil errores por la falta de método y por el desconocimiento del mundo visible.

—No puede ser de otra manera.

—Pero lo más raro es que, arrastrado por su imaginación potente, la cual es como un Hércules atado con cadenas dentro de un calabozo y que forcejea por romper hierros y muros...

—Muy bien, muy bien dicho.

—Su imaginación, digo, no puede contenerse en la oscuridad de sus sentidos, viene a éste nuestro mundo de luz, y quiere suplir con sus atrevidas creaciones la falta de sentido de la vista. Pablo posee un espíritu de indagación asombroso; pero este espíritu de investigación es un valiente pájaro con las alas rotas. Hace días que está delirante, no duerme, y su afán de saber raya en locura. Quiere que a todas horas le lea libros nuevos, y a cada pausa hace las observaciones más agudas, con una mezcla de candor que me hace reír. Afirma y sostiene grandes absurdos, ¡y vaya usted a contradecirle!... Temo mucho que se me vuelva maniático, que se desquicie su cerebro... ¡Si viera usted cuán triste y caviloso se pone a veces!... Y coge un estribillo, y dale que le darás, no lo suelta en una semana. Hace días que no sale de un tema tan gracioso como original. Ha dado en sostener que la Nela es bonita.

Oyéronse risas, y la Nela se quedó como púrpura.

—¡Que la Nela es bonita! —exclamó Teodoro Golfín cariñosamente—. Pues sí que lo es.

—Ya lo creo, y ahora más, con su bigote blanco —indicó Sofía.

—Pues sí que es guapa —repitió Teodoro, tomándole la cara—. Sofía, dame tu pañuelo... ¡Vamos, fuera ese bigote!...

Teodoro devolvió a Sofía su pañuelo, después de afeitar a la Nela. Díjole a ésta don Francisco que fuese a acompañar al ciego, y, cojeando, entró en la casa.

—Y cuando le contradigo —añadió el señor de Aldeacorba—, mi hijo me contesta que el don de la vista quizá altere en mí, ¡qué disparate más gracioso!, la verdad de las cosas.

—No le contradiga usted, y suspenda por ahora absolutamente las lecturas. Durante algunos días ha de adoptar un régimen de tranquilidad absoluta. Hay que tratar al cerebro con grandes miramientos antes de emprender una operación de esta clase.

—Si Dios quiere que mi hijo vea —dijo el señor de Penáguilas con fervor—, le tendré a usted por el más grande, por el más benéfico de los hombres. La oscuridad de sus ojos es la oscuridad de mi vida; esa sombra negra ha hecho tristes mis días, entenebreciéndome el bienestar material que poseo. Soy rico. ¿De qué me sirven mis riquezas? Nada de lo que él no pueda ver es agradable para mí. Hace un mes he recibido la noticia de una gran herencia... Ya sabe usted, señor don Carlos, que mi primo Faustino ha muerto en Matamoros. No tiene hijos; le heredamos mi hermano Manuel y yo... Esto es echar margaritas a puercos, y no lo digo por mi hermano, que tiene una hija preciosa ya casadera, dígolo por este miserable que no puede hacer disfrutar a su hijo único las delicias honradas de la buena posición.

Siguió a estas palabras un largo silencio, sólo interrumpido por el cariñoso mugido de las vacas en el cercano establo.

—Para él —añadió el patriarca de Aldeacorba con profunda tristeza— no existe el goce del trabajo, el primero de todos los goces. No conociendo las bellezas de la Naturaleza, ¿qué significan para él la amenidad del campo ni las delicias de la agricultura? Yo no sé cómo Dios ha podido privar a un ser humano de admirar una res gorda, un árbol cuajado de peras, un prado verde, y de ver apilados los frutos de la tierra, y de repartir su jornal a los trabajadores, y de leer en el cielo el tiempo que ha de venir. Para él no existe más vida que una cavilación febril. Su vida solitaria ni aun disfrutará de la familia, porque cuando yo me muera ¿qué familia tendrá el pobre ciego? Ni él querrá casarse, ni habrá mujer de punto que con él se despose, a pesar de sus riquezas; ni yo le aconsejaré tampoco que tome estado. Así es que cuando el señor don Teodoro me ha dado esperanza... he visto el cielo abierto; he visto una especie de Paraíso en la Tierra...; he visto un joven y alegre matrimonio; he visto ángeles, nietecillos alrededor de mí; he visto mi sepultura embellecida con las flores de la infancia, con las tiernas caricias que aun después de mi última hora subsistirán, acompañándome debajo de la tierra... Ustedes no comprenden esto, no saben que mi hermano Manuel, que es más bueno que el buen pan, luego que ha tenido noticia de mis esperanzas, ha empezado a hacer cálculos y más cálculos... Vean lo que dice... —sacó varias cartas, que revolvió breve rato, sin dar con la que buscaba—. En resumidas cuentas, está loco de contento, y me ha dicho: «Casaré a mi Florentina con tu Pablito, y aquí tienes colocado a interés compuesto el millón y medio de pesos del primo Faustino...». Me parece que veo a Manolo frotándose las manos y dando zancajos, como es su costumbre cuando tiene una idea feliz. Les espero a él y a su hija de un momento a otro; vienen a pasar conmigo el cuatro de octubre y a ver en qué para esta tentativa de dar luz a mi hijo...

Iba avanzando mansamente la noche, y los cuatro personajes rodeábanse de una sombra apacible. La casa empezaba a humear, anunciando la grata cena de aldea. El patriarca, que parecía la expresión humana de aquella tranquilidad melancólica, volvió a tomar la palabra, diciendo:

—La felicidad de mi hermano y la mía dependen de que yo tenga un hijo que ofrecer por esposo a Florentina, que es tan guapa como la Madre de Dios, como la Virgen María Inmaculada, según la pintan cuando viene el ángel a decirle: «El Señor es contigo...». Mi ciego no servirá para el caso..., pero mi hijo Pablo, con vista, será la realidad de todos mis sueños y la bendición de Dios entrando en mi casa.

Callaron todos, hondamente impresionados por la relación patética y sencilla del bondadoso padre. Éste llevó a sus ojos la mano basta y ruda, endurecida por el arado, y se limpió una lágrima:

—¿Qué dices tú a eso, Teodoro? —preguntó Carlos a su hermano.

—No digo más sino que he examinado a conciencia este caso, y que no encuentro motivos suficientes para decir: «No tiene cura», como han dicho los médicos famosos a quienes ha consultado nuestro amigo. Yo no aseguro la curación; pero no la creo imposible. El examen catróptico que hice ayer no me indica lesión retiniana ni alteración de los nervios de la visión. Si la retina está bien, todo se reduce a quitar de en medio un tabique importuno... El cristalino, volviéndose opaco y a veces duro como piedra, es el que nos hace estas picardías... Si todos los órganos desempeñaran su papel como les está mandado... Pero allí, en esa república del ojo, hay muchos holgazanes que se atrofian.

—De modo que todo queda reducido a una simple catarata congénita dijo el patriarca con afán.

—¡Oh!, no, señor; si fuera eso sólo, seríamos felices. Bastaba decretar la cesantía de ese funcionario que tan mal cumple su obligación... Le mandan que dé paso a la luz, y, en vez de hacerlo, se congestiona, se altera, se endurece, se vuelve opaco como una pared. Hay algo más, señor don Francisco. El iris tiene fisura. La pupila necesita que pongamos la mano en ella. Pero de todo eso me río yo si cuando tome posesión de ese ojo por tanto tiempo dormido, entro en él y encuentro la coroides y la retina en buen estado. Si, por el contrario, después que aparte el cristalino, entro con la luz en mi nuevo palacio recién conquistado, y me encuentro con una amaurosis total... Si fuera incompleta, habríamos ganado mucho, pero siendo general... Contra la muerte del aparato nervioso de la visión no podemos nada. Nos está prohibido meternos en las honduras de la vida... ¿Qué hemos de hacer? Paciencia. Este caso ha llamado vivamente mi atención: hay síntomas de que los aposentos interiores no están mal. Su Majestad la retina se halla quizá dispuesta a recibir los rayos lumínicos que se le quieran presentar. Su Alteza el humor vítreo probablemente no tendrá novedad. Si la larguísima falta de ejercicio en sus funciones le ha producido algo de glaucoma..., una especie de tristeza... ya trataremos de arreglarlo. Todo estará muy bien allá en la cámara regia... Pero pienso otra cosa. La fisura y la catarata permiten comúnmente que entre un poco de claridad, y nuestro ciego no percibe claridad alguna. Esto me ha hecho cavilar... Verdad es que las capas corticales están muy opacas..., los obstáculos que halla la luz son muy fuertes... Allá veremos, don Francisco. ¿Tiene usted valor?

—¿Valor? ¡Que si tengo valor!... —exclamó don Francisco, con cierto énfasis.

—Se necesita no poco para afrontar el caso siguiente...

—¿Cuál?

—Que su hijo de usted sufra una operación dolorosa, y después se quede tan ciego como antes... Yo dije a usted: «La imposibilidad no está demostrada. ¿Hago la operación?»

—Y yo respondí lo que ahora repito: «Hágase la operación, y cúmplase la voluntad de Dios. Adelante.»

—¡Adelante! Ha pronunciado usted mi palabra.

Levantose don Francisco y estrechó entre sus dos manos la de don Teodoro, tan parecida a la zarpa de un león.

—En este clima, la operación puede hacerse en los primeros días de octubre —dijo Golfín—. Mañana fijaremos el tratamiento a que debe sujetarse el paciente... Y nos vamos, que se siente fresco en estas alturas.

Penáguilas ofreció a sus amigos casa y cena; mas no quisieron éstos aceptar. Salieron todos, juntamente con la Nela, a quien Teodoro quiso llevar consigo, y también salió don Francisco para hacerles compañía hasta el establecimiento. Convidados del silencio y belleza de la noche, fueron departiendo sobre cosas agradables: unas, relativas al rendimiento de las minas; otras, a las cosechas del país. Cuando los Golfines entraron en su casa, volviose a la suya don Francisco, solo y triste, andando despacio, la vista fija en el suelo. Pensaba en los terribles días de ansiedad y de esperanza, de sobresalto y dudas que se aproximaban. Por el camino encontró a *Choto*, y ambos subieron lentamente la escalera de palo. La luna alumbraba bastante, y la sombra del patriarca subía delante de él, quebrándose en los peldaños y haciendo como unos dobleces que saltaban de escalón en escalón. El perro iba a su lado. No teniendo el patriarca de Aldeacorba otro ser a quien fiar los pensamientos que abrumaban su cerebro, dijo así:

—*Choto*, ¿qué sucederá?

12

EL DOCTOR CELIPÍN

El señor Centeno, después de recrear su espíritu en las borrosas columnas del *Diario*, y la Señana, después de sopesar, con embriagador deleite, las monedas contenidas en el calcetín, se acostaron. Habíanse ido también los hijos a reposar sobre sus respectivos colchones. Oyose en la sala una retahíla que parecía oración o romance de ciego; oyéronse bostezos, sobre los cuales trazaba cruces el perezoso dedo... La familia de piedra dormía.

Cuando la casa fue el mismo Limbo, oyose en la cocina rumorcillo como de alimañas que salen de sus agujeros para buscarse la vida. Las cestas se abrieron, y Celipín oyó estas palabras:

—Celipín, esta noche sí que te traigo un buen regalo; mira...

Celipín no podía distinguir nada; pero, alargando la mano, tomó de la de María dos duros como dos soles, de cuya autenticidad se cercioró por el tacto, ya que por la vista difícilmente podía hacerlo, quedándose pasmado y mudo.

—Me los dio don Teodoro —añadió la Nela— para que me comprara unos zapatos. Como yo para nada necesito zapatos, te los doy, y así, pronto juntarás aquello.

—¡Córcholis!, ¡que eres más buena que María Santísima!... Ya poco me falta, Nela, y en cuanto apande media docena de reales..., ya verán quién es Celipín.

—Mira, hijito, el que me ha dado ese dinero andaba por las calles pidiendo limosna cuando era niño, y después...

—¡Córcholis! ¡Quién lo había de decir!... Don Teodoro... ¡Y ahora tiene más dinero!... Dicen que lo que tiene no lo cargan seis mulas.

—Y dormía en las calles, y servía de criado, y no tenía calzones...; en fin, que era más pobre que las ratas. Su hermano don Carlos vivía en una casa de trapo viejo.

—¡Jesús! ¡Córcholis! ¡Y qué cosas se ven por esas tierras!... Yo también me buscaré una casa de trapo viejo.

—Y después tuvo que ser barbero para ganarse la vida y poder estudiar.

—*Miá* tú..., yo tengo pensado irme derecho a una barbería... Yo me pinto solo para rapar... ¡Pues soy yo poco listo en gracia de Dios! Desde que yo llegue a Madrid, por un lado rapando y por otro estudiando, he de aprender en dos meses toda la ciencia. *Miá* tú, ahora se me ha ocurrido que debo tirar para médico... Sí, médico, que echando una mano a este pulso, otra mano al otro, se llena de dinero el bolsillo.

—Don Teodoro —dijo la Nela— tenía menos que tú, porque tú vas a tener cinco duros, y con cinco duros parece que todo se ha de venir a la mano. ¡Aquí de los hombres guapos! Don Teodoro y don Carlos eran como los pájaros que andan solos por el mundo. Ellos con su buen gobierno se volvieron sabios. Don Teodoro leía en los muertos y don Carlos leía en las piedras, y así los dos aprendieron el modo de hacerse personas cabales. Por eso es don Teodoro tan amigo de los pobres. Celipín, si me hubieras visto esta tarde cuando me llevaba al hombro... Después me dio un vaso de leche y me echaba unas miradas como las que se echan a las señoras.

—Todos los hombres listos somos de ese modo —observó Celipín con petulancia—. Verás tú qué fino y galán voy a ser yo cuando me ponga mi levita y mi sombrero de una tercia de alto. Y también me calzaré las manos con eso que llaman guantes, que no pienso quitarme nunca como no sea sino para tomar el pulso... Tendré un bastón con una porra dorada y me vestiré... eso sí, en mis carnes no se pone sino paño fino... ¡Córcholis! Te vas a reír cuando me veas.

—No pienses todavía en esas cosas de remontarte mucho, que eres más pelado que un huevo —le dijo ella—. Vete poquito a poquito, hoy me aprendo esto, mañana lo otro. Yo te aconsejo que antes de meterte en eso de curar enfermos, debes aprender a escribir para que pongas una carta a tu madre pidiéndole perdón, y diciéndole que te has ido de tu casa para afinarte, hacerte como don Teodoro y ser un médico muy cabal.

—Calla, mujer... ¿Pues qué, creías que la escritura no es lo primero?... Deja tú que yo coja una pluma en la mano, y verás qué rasgueo de letras y qué perfiles finos para arriba y para abajo, como la firma de don Francisco Penáguilas... ¡Escribir!, a mí con esas... A los cuatro días verás qué cartas pongo... Ya las oirás leer, y verás qué *conceitos* los míos y qué modo aquel de echar *retólicas* que os dejen bobos a todos. ¡Córcholis! Nela, tú no sabes que yo tengo mucho talento. Lo siento aquí dentro de mi cabeza, haciéndome *burumbum, burumbum,* como el agua de la caldera de vapor... Como que no me deja dormir, y pienso que es que todas las ciencias se me entran aquí, y andan dentro volando a tientas como los murciélagos, y diciéndome que las estudie. Todas, todas las ciencias las he de aprender, y ni una sola se me ha de quedar... Verás tú...

—Pues debe de haber muchas. Pablo, que las sabe todas, me ha dicho que son muchas, y que la vida entera de un hombre no basta para una sola.

—Ríete tú de eso... Ya me verás a mí...

—Y la más bonita de todas es la de don Carlos... Porque mira tú que eso de coger una piedra y hacer con ella latón... Otros dicen que hacen plata y también oro. Aplícate a eso, Celipillo.

—Desengáñate, no hay saber como ese de cogerle a uno la muñeca y mirarle la lengua, y decir al momento en qué hueco del cuerpo tiene aposentado el maleficio... Dicen que don Teodoro le saca un ojo a un hombre y le pone otro nuevo, con el cual se ve como si fuera ojo nacido... *Miá* tú que eso de ver a uno que se está muriendo, y con mandarle tomar, pongo el caso, media docena de mosquitos guisados un lunes con palos de mimbre cogidos por una doncella que se llame Juana, dejarle bueno y sano, es mucho aquel... Ya verás, ya verás cómo se porta don Celipín el de Socartes. Te digo que se ha de hablar de mí hasta en La Habana.

—Bien, bien —dijo la Nela con alegría—; pero mira que has de ser buen hijo, pues si tus padres no quieren enseñarte, es porque ellos no tienen talento, y pues tú lo tienes, pídele por ellos a la Santísima Virgen, y no dejes de mandarles algo de lo mucho que vas a ganar.

—Eso sí lo haré. *Miá* tú, aunque me voy de la casa, no es que quiera mal a mis padres, y ya verás cómo dentro de poco tiempo ves venir un mozo de la estación cargado que se revienta con unos grandes paquetes. ¿Y qué será? Pues refajos para mi madre y mis hermanas y un sombrero alto para mi padre. A ti puede que te mande también un par de pendientes.

—Muy pronto regalas —dijo la Nela, sofocando la risa—. ¡Pendientes para mí!...

—Pero ahora se me está ocurriendo una cosa. ¿Quieres que te la diga? Pues es que tú debías venir conmigo, y siendo dos, nos ayudaríamos a ganar y a aprender. Tú también tienes talento, que eso del pesquis a mí no se me escapa, y bien podías llegar a ser señora, como yo caballero. ¡Que me había de reír si te viera tocando el piano como doña Sofía!

—¡Qué bobo eres! Yo no sirvo para nada. Si fuera contigo sería un estorbo para ti.

—Ahora dicen que van a dar vista a don Pablo, y cuando él tenga vista, nada tienes tú que hacer en Socartes. ¿Qué te parece mi idea?... ¿No respondes?

Pasó algún tiempo sin que la Nela contestara nada. Preguntó de nuevo Celipín, sin obtener respuesta.

—Duérmete, Celipín —dijo, al fin, la de las cestas—. Yo tengo mucho sueño.

—Como mi talento me deje dormir, a la buena de Dios.

Un minuto después se veía a sí mismo en figura semejante a la de don Teodoro Golfín, poniendo ojos nuevos en órbitas viejas, claveteando piernas rotas, y arrancando criaturas a la muerte mediante copiosas tomas de mosquitos cogidos por una doncella y guisados un lunes con palos de mimbre. Viose cubierto de riquísimos paños, las manos aprisionadas en guantes olorosos y arrastrado en coche, del cual tiraban cisnes, que no caballos, y llamado por reyes, o solicitado por reinas, por honestas damas requerido, alabado de magnates y llevado en triunfo por los pueblos todos de la Tierra.

13

ENTRE DOS CESTAS

La Nela cerró sus conchas para estar más sola. Sigámosla; penetremos en su pensamiento. Pero antes conviene hacer algo de historia.

Habiendo carecido absolutamente de instrucción en su edad primera; habiendo carecido también de las sugestiones cariñosas que enderezan el espíritu de un modo seguro al conocimiento de ciertas verdades, habíase formado Marianela en su imaginación poderosa un orden de ideas muy singular, una teogonía extravagante y un modo rarísimo de apreciar las causas y los efectos de las cosas. Exacta era la idea de Teodoro Golfín al comparar el espíritu de Nela con los pueblos primitivos. Como en éstos, dominaba en ella el sentimiento y la fascinación de lo maravilloso; creía en poderes sobrenaturales, distintos del único y grandioso Dios, y veía en los objetos de la Naturaleza personalidades vagas que no carecían de modos de comunicación con los hombres.

A pesar de esto, la Nela no ignoraba completamente el Evangelio. Jamás le fue bien enseñado; pero había oído hablar de él. Veía que la gente iba a una ceremonia que llamaban Misa; tenía idea de un sacrificio sublime; mas sus nociones no pasaban de aquí. Habíase acostumbrado a respetar, en virtud de un sentimentalismo contagioso, al Dios crucificado, sabía que aquello debía besarse; sabía, además, algunas oraciones aprendidas de rutina; sabía que todo aquello que no se posee debe pedirse a Dios, pero nada más. El horrible abandono de su inteligencia hasta el tiempo de su amistad con el señorito de Penáguilas era causa de esto. Y la amistad con aquel ser extraordinario, que desde su oscuridad exploraba con el valiente ojo de su pensamiento infatigable los problemas de la vida, había llegado tarde. En el espíritu de la Nela hallábase ya petrificado lo que podremos llamar su filosofía, hechura de ella misma, un no sé qué de paganismo y de sentimentalismo, mezclados y confundidos. Debemos añadir que María, a pesar de vivir tan fuera del elemento social en que todos vivimos, mostraba casi siempre buen sentido, y sabía apreciar sesudamente las cosas de la vida, como se ha visto en los consejos que a Celipín daba. La grandísima valía de su alma explica esto.

La más notable tendencia de su espíritu era la que la impulsaba con secreta pasión a amar la hermosura física, dondequiera que se encontrase. No hay nada más natural, tratándose de un ser criado en absoluto apartamiento de la sociedad y de la ciencia, y en comunicación abierta y constante, en trato familiar, digámoslo así, con la Naturaleza, poblada de bellezas imponentes o graciosas, llena de luz y colores, de murmullos elocuentes y de formas diversas. Pero Marianela hubo de añadir a su admiración el culto, y siguiendo una ley, propio también del estado primitivo, había personificado todas las bellezas que adoraba en una sola, ideal y con forma humana. Esta belleza era la Virgen María, adquisición hecha por ella en los dominios del Evangelio, que tan imperfectamente poseía. La Virgen no habría sido para ella el ideal más querido, si a sus perfecciones morales no reuniera todas las hermosuras, guapezas y donaires del orden físico, si no tuviera una cara noblemente hechicera y seductora, un semblante humano y divino al propio tiempo, que a ella le parecía resumen y cifra de toda la luz del mundo, de toda la melancolía y paz sabrosa de la noche, de la música de los arroyos, de la gracia y elegancia de las flores, de la frescura del rocío, de los suaves quejidos del viento, de la inmaculada nieve de las montañas, del cariñoso mirar de las estrellas y de la pomposa majestad de las nubes cuando gravemente discurren por la inmensidad del cielo.

La persona de Dios representábasele terrible y ceñuda, más propia para infundir respeto que cariño. Todo lo bueno venía de la Virgen María, y a la Virgen debía pedirse todo lo que han menester las criaturas. Dios reñía y ella sonreía. Dios castigaba y ella perdonaba. No es esta última idea tan rara para que llame la atención. Casi rige en absoluto a las clases menesterosas y rurales de nuestro país.

También es común en éstas, cuando se junta un gran abandono a una poderosa fantasía, la fusión que hacía la Nela entre las bellezas de la Naturaleza y aquella figura encantadora que resume en sí casi todos los elementos estéticos de la idea cristiana. Si a la soledad en que vivía la Nela hubieran llegado menos nociones cristianas de las que llegaron, si su apartamiento del foco de ideas hubiera sido absoluto, su paganismo habría sido entonces completo, adorando la Luna, los bosques, el fuego, los arroyos, el Sol.

Tal era la Nela que se crió en Socartes, y así llegó a los quince años. Desde esta fecha, su amistad con Pablo y sus frecuentes coloquios con quien poseía tantas y tan buenas nociones modificaron algo su modo de pensar; pero la base de sus ideas no sufrió alteración. Continuaba dando a la hermosura física cierta soberanía augusta; seguía llena de supersticiones y adorando a la Santísima Virgen como un compendio de todas las bellezas naturales, encarnando en esta persona la ley moral y rematando su sistema con extrañas ideas respecto a la muerte y la vida futura.

Encerrándose en sus conchas, Marianela habló así:

«Madre de Dios y mía, ¿por qué no me hiciste hermosa? ¿Por qué cuando mi madre me tuvo no me miraste desde arriba?... Mientras más me miro, más fea me encuentro. ¿Para qué estoy yo en el mundo? ¿Para qué sirvo? ¿A quién puedo interesar? A uno solo, Señora y Madre mía, a uno solo que me quiere porque no me ve. ¿Qué será de mí cuando me vea y deje de quererme?...; porque, ¿cómo es posible que me quiera viendo este cuerpo chico, esta figurilla de pájaro, esta tez pecosa, esta boca sin gracia, esta nariz picuda, este pelo descolorido, esta persona mía que no sirve sino para que todo el mundo le dé con el pie? ¿Quién es la Nela? Nadie. La Nela sólo es algo para el ciego. Si sus ojos nacen ahora y los vuelve a mí y me ve, me caigo muerta... Él es el único para quien la Nela no es menos que los gatos y los perros. Me quiere como quieren los novios a sus novias, como Dios manda que se quieran las personas... Señora y Madre mía, ya que vas a hacer el milagro de darle la vista, hazme hermosa a mí o mátame, porque para nada estoy en el mundo. Yo no soy nada ni nadie más que para uno solo... ¿Siento yo que recobre la vista? No; eso, no; eso, no. Yo quiero que vea. Daré mis ojos porque él vea con los suyos; daré mi vida toda. Yo quiero que don Teodoro haga el milagro que dicen. ¡Benditos sean los hombres sabios! Lo que no quiero es que mi amo me vea, no. Antes que consentir que me vea, ¡Madre mía!, me enterraré viva; me arrojaré al río... Sí, sí; que se trague la tierra mi fealdad. Yo no debí haber nacido.»

Y luego, dando una vuelta en la cesta, proseguía:

«... Mi corazón es todo para él. Este cieguito que ha tenido el antojo de quererme mucho es para mí lo primero del mundo después de la Virgen María. ¡Oh! ¡Si yo fuese grande y hermosa; si tuviera el talle, la cara y el tamaño..., sobre todo el tamaño, de otras mujeres; si yo pudiese llegar a ser señora y componerme!... ¡Ay!, entonces mi mayor delicia sería que sus ojos se recrearan en mí... Si yo fuera como las demás, siquiera como Mariuca..., ¡qué pronto buscaría el modo de instruirme de afinarme, de ser una señora!... ¡Oh! ¡Madre y Reina mía, lo único que tengo me lo vas a quitar!... ¿Para qué permitiste que le quisiera yo y que él me quisiera a mí? Esto no debió ser así.»

Y derramando lágrimas y cruzando los brazos, añadió medio vencida por el sueño:

«... ¡Ay! ¡Cuánto te quiero, niño de mi alma! Quiere mucho a la Nela, a la pobre Nela, que no es nada... Quiéreme mucho... Déjame darte un beso en tu preciosísima cabeza...; pero no abras los ojos, no me mires... ciérralos, así, así.»

14

DE CÓMO LA VIRGEN MARÍA SE APARECIÓ A LA NELA

Los pensamientos, que huyen cuando somos vencidos por el sueño, suelen quedarse en acecho para volver a ocuparnos bruscamente cuando despertamos. Así ocurrió a Mariquilla, que habiéndose quedado dormida con los pensamientos más extraños acerca de la Virgen María, del ciego y de su propia fealdad, que ella deseaba ver trocada en pasmosa hermosura, con ellos mismos despertó cuando los gritos de la Señana la arrancaron de entre sus cestas. Desde que abrió los ojos, la Nela hizo su oración de costumbre a la Virgen María; pero aquel día la oración se compuso de la retahíla ordinaria de las oraciones y de algunas piezas de su propia invención, resultando un discurso que si se escribiera habría de ser curioso. Entre otras cosas, la Nela dijo:

«Anoche te me has aparecido en sueños, Señora, y me prometiste que hoy me consolarías. Estoy despierta, y me parece que todavía te estoy mirando, y que tengo delante tu cara, más linda que todas las cosas guapas y hermosas que hay en el mundo».

Al decir esto, la Nela revolvía sus ojos con desvarío en derredor de sí... Observándose a sí misma de la manera vaga que podía hacerlo, pensó de este modo: «A mí me pasa algo.»

—¿Qué tienes, Nela? ¿Qué te pasa, chiquilla? —le dijo la Señana, notando que la muchacha miraba con atónitos ojos a un punto fijo del espacio—. ¿Estás viendo visiones, marmota?

La Nela no respondió, porque estaba su espíritu ocupado en platicar consigo propio, diciéndose:

«¿Qué es lo que yo tengo?... No puede ser maleficio porque lo que tengo dentro de mí no es la figura feísima y negra del demonio malo, sino una cosa celestial, una cara, una sonrisa y un modo de mirar que, o yo estoy tonta, o son de la misma Virgen

119

María en persona. Señora y Madre mía, ¿será verdad que hoy vas a consolarme?... ¿Y cómo me vas a consolar? ¿Qué te he pedido anoche?»

—¡Eh..., chiquilla! —gritó la Señana, con voz desapacible, como el más destemplado sonido que puede oírse en el mundo—. Ven a lavarte esa cara de perro.

La Nela corrió. Había sentido en su espíritu un sacudimiento de una gran esperanza. Mirose en la trémula superficie del agua y al instante sintió que su corazón se oprimía.

«Nada... —murmuró—, tan feíta como siempre. La misma figura de niña con alma y años de mujer.»

Después de lavarse, sobrecogiéronla las mismas extrañas sensaciones de antes, al modo de congojas placenteras. A pesar de su escasa experiencia, Marianela tuvo tino para clasificar aquellas sensaciones en el orden de los presentimientos.

«Pablo y yo —pensó— hemos hablado de lo que se siente cuando va a venir una cosa alegre o triste. Pablo me ha dicho también que poco antes de los temblores de tierra se siente una cosa particular, y las personas sienten una cosa particular..., y los animales sienten también una cosa particular... ¿Irá a temblar la tierra?»

Arrodillándose tentó el suelo.

«... No sé..., pero algo va a pasar. Que es una cosa buena no puedo dudarlo... La Virgen me dijo anoche que hoy me consolaría... ¿Qué es lo que tengo?... ¿Esa Señora celestial anda alrededor de mí? No la veo, pero la siento, está detrás, está delante.»

Pasó por junto a las máquinas de lavado, en dirección al plano inclinado, y miraba con despavoridos ojos a todas partes. No veía más que las figuras de barro crudo que se agitaban con gresca infernal en medio del áspero bullicio de las cribas cilíndricas, pulverizando el agua y humedeciendo el polvo. Más adelante, cuando se vio sola, se detuvo, y poniéndose el dedo en la frente, clavando los ojos en el suelo con la vaguedad que imprime a aquel sentido la duda, se hizo esta pregunta: «¿Pero yo estoy alegre o estoy triste?»

Miró después al cielo, admirándose de hallar lo mismo que todos los días (y era aquél de los más hermosos), y avivó el paso para llegar pronto a Aldeacorba de Suso. En vez de seguir la cañada de las minas para subir por la escalera de palo, apartose de la hondonada por el regato que hay junto al plano inclinado, con objeto de subir a las praderas y marchar después derecha y por camino llano a Aldeacorba. Este camino era más bonito, y por eso lo prefería casi siempre. Había callejas pobladas de graciosas y aromáticas flores, en cuya multitud pastaban rebaños de abejas y mariposas; había grandes zarzales llenos del negro fruto que tanto apetecen los chicos, había grupos de guinderos, en cuyos troncos se columpiaban las madreselvas, y había también corpulentas encinas, grandes, anchas, redondas, oscuras, que parece se recreaban contemplando su propia sombra.

La Nela seguía andando despacio, inquieta de lo que en sí misma sentía y de la angustia deliciosa que la embargaba. Su imaginación fecunda supo, al fin, hallar la fórmula más propia para expresar aquella obsesión, y recordando haber oído decir: *Fulano o Zutano tiene los demonios en el cuerpo,* ella dijo: «Yo tengo los ángeles en el cuerpo... Virgen María, tú estás hoy conmigo. Esto que siento son las carcajadas de tus ángeles que juegan dentro de mí. Tú no estás lejos, te veo y no te veo, como cuando vemos con los ojos cerrados.»

Cerraba los ojos y los abría de nuevo. Habiendo pasado junto a un bosque, dobló el ángulo del camino para llegar adonde se extendía un gran bardo de zarzas, las más frondosas, las más bonitas y crecidas de todo aquel país. También se veían lozanos helechos, madreselvas, parras vírgenes y otras plantas de arrimo, que se sostenían unas a otras por no haber allí grandes troncos. La Nela sintió que las ramas se agitaban a su derecha, miró... ¡Cielos divinos! Allí estaba, dentro de un marco de verdura, la Virgen María Inmaculada, con su propia cara, sus propios ojos, que al mirar reflejaban toda la hermosura del Cielo. La Nela se quedó muda, petrificada, con una sensación en que se confundían el fervor y el espanto. No pudo dar un paso, ni gritar, ni moverse, ni respirar, ni apartar sus ojos de aquella aparición maravillosa.

Había aparecido entre el follaje, mostrando completamente todo su busto y cara. Era, sí, la auténtica imagen de aquella escogida doncella de Nazareth, cuya perfección moral han tratado de expresar por medio de la forma pictórica los artistas de dieciocho siglos desde San Lucas hasta los contemporáneos. La Humanidad ha visto esta sacra persona con distintos ojos ora con los de Alberto Durero, ora con los de Rafael Sanzio, o bien con los de Van-Dyck y Bartolomé Murillo. Aquella que a la Nela se apareció era, según el modo rafaelesco, sobresaliente entre todos si se atiende a que en él la perfección de la belleza humana se acerca más que ningún otro recurso artístico a la expresión de la divinidad. El óvalo de su cara era menos angosto que el del tipo sevillano, ofreciendo la graciosa redondez del itálico. Sus ojos, de admirables proporciones, eran la misma serenidad unida a la gracia, a la armonía, con un mirar tan distinto de la frialdad como del extremado relampagueo de los ojos andaluces. Sus cejas eran delicada hechura del más fino pincel, y trazaban un arco sutil. En su frente no se concebían el ceño del enfado ni las sombras de la tristeza, y sus labios, un poco gruesos, dejaban ver, al sonreír, los más preciosos dientes que han mordido manzana del Paraíso. Sin querer hemos ido a parar a nuestra madre Eva, cuando tan lejos está la que dio el triunfo a la serpiente de la que aplastó su cabeza, pero el examen de las distintas maneras de la belleza humana conduce a estos y a otros lamentables contrasentidos. Para concluir el imperfecto retrato de aquella estupenda visión que dejó desconcertada y como muerta a la pobre Nela, diremos que su tez era de ese color de rosa tostado, o más bien moreno encendido, que forma como un rubor delicioso en el rostro de aquellas divinas imágenes, ante las cuales se extasían lo mismo los siglos devotos que los impíos.

Pasado el primer instante de estupor, lo que ante todo observó Marianela, llenándose de confusión, fue que la bella Virgen tenía una corbata azul en su garganta, adorno que ella no había visto jamás en las vírgenes soñadas ni en las pintadas. Inmediatamente notó también que los hombros y el pecho de la divina mujer se cubrían con un vestido, en el cual todo era semejante a los que usan las mujeres del día. Pero lo que más turbó y desconcertó a la pobre muchacha fue ver que la gentil imagen estaba cogiendo moras de zarza... y comiéndoselas.

Empezaba a hacer los juicios a que daba ocasión esta extraña conducta de la Virgen, cuando oyó una voz varonil y chillona que decía:

—¡Florentina, Florentina!

—Aquí estoy, papá; aquí estoy comiendo moras silvestres.

—¡Dale!... ¿Y qué gusto le encuentras a las moras silvestres?... ¡Caprichosa!... No te he dicho que eso es más propio de los chicuelos holgazanes del campo que de una señorita criada en la buena sociedad... criada en la buena sociedad?

La Nela vio acercarse con grave paso al que esto decía. Era un hombre de edad madura, mediano de cuerpo, algo rechoncho, de cara arrebolada y que parecía echar de sí rayos de satisfacción como el sol los echa de luz; pequeño de piernas, un poco largo de nariz, y magnificado con varios objetos decorativos, entre los cuales descollaba una gran cadena de reloj y un fino sombrero de fieltro de alas anchas.

—Vamos, mujer —dijo cariñosamente el señor don Manuel Penáguilas, pues no era otro—, las personas decentes no comen moras silvestres ni dan esos brincos. ¿Ves? Te has estropeado el vestido... No lo digo por el vestido, que así como se te compró ese, se te comprará otro...; dígolo porque la gente que te vea podrá creer que no tienes más ropa que la puesta.

La Nela, que comenzaba a ver claro, observó los vestidos de la señorita de Penáguilas. Eran buenos y ricos pero su figura expresaba a maravilla la transición no muy lenta del estado de aldeana al de señorita rica. Todo su atavío, desde el calzado a la peineta, era de señorita de pueblo en un día del santo patrono titular. Mas eran tales los encantos naturales de Florentina que ningún accidente comprendido en las convencionales reglas de la elegancia podía oscurecerlos. No podía negarse, sin embargo, que su encantadora persona estaba pidiendo a gritos una rústica saya, un cabello en trenzas y al desgaire, con aderezo de amapolas; un talle en justillo, una sarta de corales; en suma, lo que el pudor y el instinto de presunción hubieran ideado por sí, sin mezcla de invención cortesana.

Cuando la señorita se apartaba del zarzal, don Manuel acertó a ver a la Nela a punto que ésta había caído completamente de su burro, y dirigiéndose a ella, gritó:

—¡Oh!..., ¿aquí estás tú?... Mira, Florentina, esta es la Nela...; recordarás que te hablé de ella. Es la que acompaña a tu primito..., a tu primito. ¿Y qué tal te va por estos barrios?...

—Bien, señor don Manuel. ¿Y usted, cómo está? —repuso Mariquilla, sin apartar los ojos de Florentina.

—Yo tan campante, ya ves tú. Esta es mi hija. ¿Qué te parece? Florentina corría detrás de una mariposa.

—Hija mía, ¿adónde vas?, ¿qué es eso? —dijo el padre, visiblemente contrariado. ¿Te parece bien que corras de ese modo detrás de un insecto como los chiquillos vagabundos?... Mucha formalidad, hija mía. Las señoritas criadas entre la buena sociedad no hacen eso... no hacen eso...

Don Manuel tenía la costumbre de repetir la última frase de sus párrafos o discursos.

—No se enfade usted, papá —repitió la joven, regresando después de su expedición infructuosa hasta ponerse al amparo de las alas del sombrero paterno—. Ya sabe usted que me gusta mucho el campo y que me vuelvo loca cuando veo árboles, flores, praderas. Como en aquella triste tierra de Campó donde vivimos hay poco de esto...

—¡Oh! No hables mal de Santa Irene de Campó, una villa ilustrada, donde se encuentran hoy muchas comodidades y una sociedad distinguida. También han llegado allá los adelantos de la civilización..., de la civilización. Andando a mi lado juiciosamente puedes admirar la Naturaleza; yo también la admiro sin hacer cabriolas como los volatineros. A las personas educadas entre una sociedad escogida se las conoce por el modo de andar y por el modo de contemplar los objetos. Eso de estar diciendo a cada instante: «¡Ah!..., ¡oh!..., ¡qué bonito!... ¡Mire usted, papá!», señalando a un helecho, a un roble, a una piedra, a un espino, a un chorro de agua, no es cosa de muy buen gusto... Creerán que te has criado en algún desierto... Conque anda a mi lado... La Nela nos dirá por dónde volveremos a casa, porque, a la verdad, yo no sé dónde estamos.

—Tirando a la izquierda, por detrás de aquella casa vieja —dijo la Nela—, se llega muy pronto... Pero aquí viene el señor don Francisco.

En efecto, apareció don Francisco, gritando:

—¡Que se enfría el chocolate!...

—¡Qué quieres, hombre!... Mi hija estaba tan deseosa de retozar por el campo, que no ha querido esperar, y aquí nos tienes de mata en mata como cabritillos..., de mata en mata como cabritillos.

—A casa, a casa. Ven tú también, Nela, para que tomes chocolate —dijo Penáguilas, poniendo su mano sobre la cabeza de la vagabunda—. ¿Qué te parece mi sobrina?... Vaya, que es guapa... Florentina, después que toméis el chocolate, la Nela os llevará a pasear a Pablo y a ti, y verás todas las hermosuras del país, las minas, el bosque, el río...

Florentina dirigió una mirada cariñosa a la infeliz criatura, que a su lado parecía hecha expresamente por la Naturaleza para hacer resaltar más la perfección y magistral belleza de algunas de sus obras. Al llegar a la casa, esperábalos la mesa con las jícaras, donde aún hervía el espeso licor guayaquileño y un montoncillo de rebanadas de pan. También estaba en expectativa la mantequilla, puesta entre hojas de castaño, sin que faltaran algunas pastas y golosinas. Los vasos de fresca y transparente agua reproducían en su convexo cristal estas bellezas gastronómicas, agrandándolas.

—Hagamos algo por la vida —dijo don Francisco, sentándose.

—Nela —indicó Pablo, tú también tomarás chocolate.

No lo había dicho, cuando Florentina ofreció a Marianela el jicarón con todo lo demás que en la mesa había. Resistíase a aceptar el convite; mas con tanta bondad y con tan graciosa llaneza insistió la señorita de Penáguilas, que no hubo más que decir. Miraba de reojo don Manuel a su hija, cual si no se hallara completamente satisfecho de los progresos de ella en el arte de la buena educación, porque una de las partes principales de ésta consistía, según él, en una fina apreciación de los grados de urbanidad con que debía obsequiarse a las diferentes personas, según su posición, no dando a ninguna ni más ni menos de lo que le correspondía con arreglo al fuero social; y de este modo quedaban todos en su lugar, y la propia dignidad se sublimaba, conservándose en el justo medio de la cortesía, el cual estriba en no ensoberbecerse demasiado delante de los ricos, ni humillarse demasiado delante de los pobres... Luego que fue tomado el chocolate, don Francisco dijo:

—Váyase fuera toda la gente menuda. Hijo mío, hoy es el último día que don Teodoro te permite salir fuera de casa. Los tres pueden ir a paseo, mientras mi hermano y yo vamos a echar un vistazo al ganado... Pájaros, a volar.

No necesitaron que se les rogara mucho. Convidados de la hermosura del día, volaron los jóvenes al campo.

15

LOS TRES

Estaba la señorita de pueblo muy gozosa en medio de las risueñas praderas, sin la traba enojosa de las pragmáticas sociales de su señor padre, y así, en cuanto se vio a regular distancia de la casa, empezó a correr alegremente y a suspenderse de las ramas de los árboles que a su alcance veía, para balancearse ligeramente en ellas. Tocaba con las yemas de sus dedos las moras silvestres, y cuando las hallaba maduras cogía tres, una para cada boca.

—Esta para ti, primito —decía, poniéndosela en la boca—, y esta para ti, Nela. Dejaré para mí la más chica.

Al ver cruzar los pájaros a su lado, no podía resistir movimientos semejantes a una graciosa pretensión de volar y decía: «¿Adónde irán ahora esos bribones?». De todos los robles cogía una rama, y abriendo la bellota para ver lo que había dentro, la mordía, y al sentir su amargor, arrojábala lejos. Un botánico atacado del delirio de las clasificaciones no hubiera coleccionado con tanto afán como ella todas las flores bonitas que le salían al paso, dándoles la bienvenida desde el suelo con sus carillas de fiesta. Con lo recolectado en media hora adornó todos los ojales de la americana de su primo, los cabellos de la Nela y, por último, sus propios cabellos.

—A la primita —dijo Pablo— le gustará ver las minas. Nela, ¿no te parece que bajemos?

—Sí, bajemos... Por aquí, señorita.

—Pero no me hagan pasar por túneles, que me da mucho miedo. Eso sí que no lo consiento —dijo Florentina, siguiéndoles—. Primo, ¿tú y la Nela paseáis mucho por aquí? Esto es precioso. Aquí viviría yo toda mi vida... ¡Bendito sea el hombre que te va a dar la facultad de gozar de todas estas preciosidades!

—¡Dios lo quiera! Mucho más hermosas me parecerán a mí, que jamás las he visto, que a vosotras, que estáis saciadas de verlas... No creas tú, Florentina, que yo no comprendo las bellezas: las siento en mí de tal modo, que casi suplo con mi pensamiento la falta de la vista.

—Eso sí que es admirable... Por más que digas —replicó Florentina—, siempre te resultarán algunos buenos chascos cuando abras los ojos.

—Podrá ser —dijo el ciego, que aquel día estaba muy lacónico.

La Nela no estaba lacónica, sino muda.

Cuando se acercaron a la concavidad de la Terrible, Florentina admiró el espectáculo sorprendente que ofrecían las rocas cretáceas, subsistentes en medio del terreno después de arrancado el mineral. Comparolo a grandes grupos de bollos, pegados unos a otros por el azúcar; después de mirarlo mucho por segunda vez, lo comparó a una gran escultura de perros y gatos que se habían quedado convertidos en piedra en el momento más crítico de una encarnizada reyerta.

—Sentémonos en esta ladera —dijo—, y veremos pasar los trenes con mineral, y, además, veremos esto, que es muy bonito. Aquella piedra grande que está en medio tiene su gran boca, ¿no la ves, Nela?, y en la boca tiene un palillo de dientes; es una planta que ha nacido sola. Parece que se ríe mirándonos, porque también tiene ojos; y más allá hay una con joroba, y otra que fuma en pipa, y dos que se están tirando de los pelos, y una que bosteza, y otra que duerme la mona, y otra que está boca abajo, sosteniendo con los pies una catedral, y otra que empieza en guitarra y acaba en cabeza de perro, con una cafetera por gorro.

—Todo eso que dices, primita, —observó el ciego— me prueba que con los ojos se ven muchos disparates, lo cual indica que ese órgano tan precioso sirve a veces para presentar las cosas desfiguradas, cambiando los objetos de su natural forma en otra postiza y fingida; pues en lo que tienes delante de ti no hay confituras, ni gatos, ni hombres, ni palillos de dientes, ni catedrales, ni borrachos, ni cafeteras, sino simplemente rocas cretáceas y masas de tierra caliza, embadurnadas con óxido de hierro. De la cosa más sencilla hacen tus ojos un berenjenal.

—Tienes razón, primo. Por eso digo yo que nuestra imaginación es la que ve y no los ojos. Sin embargo, éstos sirven para enterarnos de algunas cositas que los pobres no tienen y que nosotros podemos darles.

Diciendo esto, tocaba el vestido de la Nela.

—¿Por qué esta bendita Nela no tiene un traje mejor? —añadió la señorita de Penáguilas—. Yo tengo varios y le voy a dar uno, y además otro, que será nuevo.

Avergonzada y confusa, Marianela no alzaba los ojos.

—Es cosa que no comprendo... ¡Que algunos tengan tanto y otros tan poco!... Me enfado con papá cuando le oigo decir palabrotas contra los que quieren que se reparta por igual todo lo que hay en el mundo. ¿Cómo se llaman esos tipos, Pablo?

—Ésos serán los socialistas, los comunistas —replicó el joven sonriendo.

—Pues ésa es mi gente. Soy partidaria de que haya reparto y de que los ricos den a los pobres todo lo que tengan de sobra... ¿Por qué esta pobre huérfana ha de estar descalza y yo no?... Ni aun se debe permitir que estén desamparados los malos, cuanto más los buenos... Yo sé que Nela es muy buena, me lo has dicho tú anoche, me lo ha dicho también tu padre... No tiene familia, no tiene quien mire por ella. ¿Cómo se consiente que haya tanta y tanta desgracia? A mí me quema la boca el pan cuando pienso que hay muchos que no lo prueban. ¡Pobre Mariquita, tan buena y tan abandonada!... ¡Es posible que hasta ahora no la haya querido nadie, ni nadie le haya dado un beso, ni nadie le haya hablado como se habla a las criaturas!... Se me parte el corazón de pensarlo.

Marianela estaba atónita y petrificada de asombro, lo mismo que en el primer instante de la aparición. Antes había visto a la Virgen Santísima, ahora la escuchaba.

—Mira tú, huerfanilla —añadió la Inmaculada—, y tú, Pablo, óyeme bien: yo quiero socorrer a la Nela, no como se socorre a los pobres que se encuentran en un camino, sino como se socorrería a un hermano que nos halláramos de manos a boca... ¿No dices tú que ella ha sido tu mejor compañera, tu lazarillo, tu guía en las tinieblas? ¿No dices que has visto con sus ojos y has andado con sus pasos? Pues la Nela me pertenece; yo me entiendo con ella. Yo me encargo de vestirla, de darle todo lo que una persona necesita para vivir decentemente, y le enseñaré mil cosas para que sea útil en una casa. Mi padre dice que quizá, quizá me tenga que quedar a vivir aquí para siempre. Si es así, la Nela vivirá conmigo; conmigo aprenderá a leer, a rezar, a coser, a guisar; aprenderá tantas cosas, que será como yo misma. ¿Qué pensáis? Pues sí, y entonces no será la Nela, sino una señorita. En esto no me contrariará mi padre. Además, anoche me ha dicho: «Florentina, quizá, quizá dentro de poco, no mandaré yo en ti; obedecerás a otro dueño...» Sea lo que Dios quiera, tomo a la Nela por mi amiga. ¿Me querrás mucho?... Como has estado desamparada, como vives lo mismo que las flores de los campos, tal vez no sepas ni siquiera agradecer, pero yo te lo he de enseñar..., ¡te he de enseñar tantas cosas!

Marianela, que mientras oía tan nobles palabras había estado resistiendo con mucho trabajo los impulsos de llorar, no pudo, al fin, contenerlos, y después de hacer pucheros durante un minuto rompió en lágrimas. El ciego, profundamente pensativo, callaba.

—Florentina —dijo, al fin—, tu lenguaje no se parece al de la mayoría de las personas. Tu bondad es enorme y entusiasta como la que ha llenado de mártires la Tierra y poblado de santos el Cielo.

—¡Qué exageración! —exclamó Florentina, riendo.

Poco después de esto, la señorita se levantó para coger una flor que desde lejos llamara su atención.

—¿Se fue? —preguntó Pablo.

—Sí —replicó la Nela, enjugando sus lágrimas.

—¿Sabes una cosa, Nela?... Se me figura que mi prima ha de ser algo bonita. Cuando llegó anoche, a las diez..., sentí hacia ella grande antipatía... No puedes figurarte cuánto me repugnaba. Ahora se me antoja, sí, se me antoja que debe ser algo bonita.

La Nela volvió a llorar.

—¡Es como los ángeles! —exclamó, entre un mar de lágrimas—. Es como si acabara de bajar del Cielo. En ella, cuerpo y alma son como los de la Santísima Virgen María.

—¡Oh!, no exageres —dijo Pablo con inquietud—. No puede ser tan hermosa como dices... ¿Crees que yo sin ojos, no comprendo dónde está la hermosura y dónde no?

—No, no; no puedes comprenderlo..., ¡qué equivocado estás!

—Sí, sí...; no puede ser tan hermosa —manifestó el ciego, poniéndose pálido y revelando la mayor angustia—. Nela, amiga de mi corazón, ¿no sabes lo que mi padre me ha dicho anoche?...: que si recobro la vista me casaré con Florentina.

La Nela no respondía nada. Sus lágrimas silenciosas corrían sin cesar, resbalando por su tostado rostro y goteando sobre sus manos. Pero ni aun por su amargo llanto podían conocerse las dimensiones de su dolor. Sólo ella sabía que era infinito.

—Ya sé por qué lloras —dijo el ciego, estrechando las manos de su compañera—. Mi padre no se empeñará en imponerme lo que es contrario a mi voluntad. Para mí no hay más mujer que tú en el mundo. Cuando mis ojos vean, si ven, no habrá para ellos otra hermosura más que la tuya celestial; todo lo demás serán sombras y cosas lejanas que no fijarán mi atención. ¿Cómo es el semblante, Dios mío? ¿De qué modo se retrata el alma en las caras? Si la luz no sirve para enseñarnos lo real de nuestro pensamiento, ¿para qué sirve? Lo que es y lo que se siente, ¿no son una misma cosa? La forma y la idea, ¿no son como el calor y el fuego? ¿Pueden separarse? ¿Puedes dejar tú de ser para mí el más hermoso, el más amado de todos los seres de la Tierra, cuando yo me haga dueño de los dominios de la forma?

Florentina volvió. Hablaron algo más; pero después de lo que se consigna, nada de cuanto dijeron es digno de ser transmitido al lector.

16

LA PROMESA

En los siguientes días no pasó nada; mas vino uno en el cual ocurrió un hecho asombroso, capital, culminante. Teodoro Golfín, aquel artífice sublime en cuyas manos el cuchillo del cirujano era el cincel del genio, había emprendido la corrección de una delicada hechura de la Naturaleza. Intrépido y sereno, había entrado con su ciencia y su experiencia en el maravilloso recinto cuya construcción es compendio y abreviado resumen de la inmensa arquitectura del Universo. Era preciso hacer frente a los más grandes misterios de la vida interrogarlos y explorar las causas que impedían a los ojos de un hombre el conocimiento de la realidad visible. Para esto había que trabajar con ánimo resuelto rompiendo uno de los más delicados organismos: la córnea; apoderarse del cristalino y echarlo fuera, respetando la hialoides y tratando con la mayor consideración al humor vítreo; ensanchar con un corte las dimensiones de la pupila y examinar por inducción o por medio de la catóptrica el estado de la cámara posterior.

Pocas palabras siguieron a esta audaz expedición por el interior de un mundo microscópico, empresa no menos colosal que medir la distancia de los astros en las infinitas magnitudes del espacio. Mudos y espantados presenciaban el caso los individuos de la familia. Cuando se espera la resurrección de un muerto o la creación de un mundo, no se está de otro modo. Pero Golfín no decía nada concreto; sus palabras eran:

—Contractilidad de la pupila...; retina sensible...; algo de estado pigmentario...; nervios llenos de vida.

Pero el fenómeno sublime, el hecho, el hecho irrecusable, la visión, ¿dónde estaba?

—A su tiempo se sabrá —dijo Teodoro, empezando la delicada operación del vendaje—. Paciencia.

Y su fisonomía de león no expresaba desaliento ni triunfo; no daba esperanza ni la quitaba. La ciencia había hecho todo lo que sabía. Era un simulacro de creación, como otros muchos que son gloria y orgullo del siglo XIX. En presencia de tanta audacia, la Naturaleza, que no permite sean sorprendidos sus secretos, continuaba muda y reservada.

El paciente fue incomunicado con absoluto rigor. Sólo su padre le asistía. Ninguno de la familia podía verle. Iba la Nela a preguntar por el enfermo cuatro o cinco veces, pero no pasaba de la portalada, aguardando allí hasta que salieran el señor don Manuel, su hija o cualquiera otra persona de la casa. La señorita, después de darle prolijos informes y de pintar la ansiedad en que estaba toda la familia, solía pasear un poco con ella. Un día quiso Florentina que Marianela la enseñara su casa, y bajaron a la morada de Centeno, cuyo interior causó no poco disgusto y repugnancia a la señorita, mayormente cuando vio las cestas que a la huérfana servían de cama.

—Pronto ha de venir la Nela a vivir conmigo —dijo Florentina, saliendo a toda prisa de aquella caverna— y entonces tendrá una cama como la mía, y vestirá y comerá lo mismo que yo.

Absorta se quedó al oír estas palabras la señora de Centeno, así como la Mariuca y la Pepina, y no se les ocurrió sino que a la miserable huérfana abandonada le había salido algún padre rey o príncipe, como se cuenta en los romances.

Cuando estuvieron solas, Florentina dijo a María:

—Pídele a Dios de día y de noche que conceda a mi querido primo ese don que nosotros poseemos y de que él ha carecido. ¡En qué ansiedad tan grande vivimos! Con su vista vendrán mil felicidades y se remediarán muchos daños. Yo he hecho a la Virgen una promesa sagrada: he prometido que si da la vista a mi primo he de recoger al pobre más pobre que encuentre, dándole todo lo necesario para que pueda olvidar completamente su pobreza, haciéndole enteramente igual a mí por las comodidades y el bienestar de la vida. Para esto no basta vestir a una persona, ni sentarla delante de una mesa donde haya sopa y carne. Es preciso ofrecerle también aquella limosna que vale más que todos los mendrugos y que todos los trapos imaginables, y es la consideración, la dignidad, el nombre. Yo daré a mi pobre estas cosas, infundiéndole el respeto y la estimación de sí mismo. Ya he escogido a mi pobre. María, mi pobre eres tú. Con todas las voces de mi alma le he dicho a la Santísima Virgen que si devuelve la vista a mi primo haré de ti una hermana: serás en mi casa lo mismo que soy yo, serás mi hermana.

Diciendo esto, la Virgen estrechó con amor entre sus brazos la cabeza de la Nela y diole un beso en la frente. Es absolutamente imposible describir los sentimientos de la vagabunda en aquella culminante hora de su vida. Un horror instintivo la alejaba de la casa de Aldeacorba, horror con el cual se confundía la imagen de la señorita de Penáguilas, como las figuras que se nos presentan en una pesadilla, y al propio tiempo sentía nacer en su alma admiración y simpatía muy vivas hacia aquella misma persona... A veces creía con pueril candor que era la Virgen María en esencia y presencia. De tal modo comprendía su bondad, que creía estar viendo, como el interior de un hermoso paraíso abierto, el alma de Florentina, llena de pureza, de amor, de bondades, de pensamientos discretos y consoladores. Tenía Marianela la rectitud suficiente para adoptar y asimilar al punto la idea de que no podría aborrecer a su improvisada hermana. ¿Cómo aborrecerla, si se sentía impulsada espontáneamente a amarla con todas las energías de su corazón? La antipatía, la desconfianza, eran como un sedimento que al fin de la lucha debía quedar en el fondo para descomponerse al cabo y desaparecer, sirviendo sus elementos para alimentar la admiración y el respeto hacia la misma amiga bienhechora. Pero si la aversión desaparecía, no así el sentimiento que la había causado, el cual, no pudiendo florecer por sí ni manifestarse solo, con el exclusivismo avasallador que es condición propia de tales afectos, prodújole un aplanamiento moral que trajo consigo amarga tristeza. En casa de Centeno observaron que la Nela no comía; que permanecía en silencio y sin movimiento, como una estatua, larguísimos ratos; que hacía mucho tiempo que no cantaba de noche ni de día. Su incapacidad para todo había llegado a ser absoluta, y habiéndola mandado Tanasio por tabaco a la *Primera de Socartes,* sentose en el camino y allí se estuvo todo el día.

Una mañana, cuando habían pasado ocho días después de la operación, fue a casa del ingeniero jefe, y Sofía le dijo:

—¡Albricias, Nela! ¿No sabes las noticias que corren? Hoy han levantado la venda a Pablo... Dicen que ve algo, que ya tiene vista... Ulises, el jefe de taller, acaba de decirlo... Teodoro no ha venido aún, pero Carlos ha ido allá; muy pronto sabremos si es verdad.

Quedose la Nela, al oír esto, más muerta que viva, y cruzando las manos exclamo así:

—¡Bendita sea la Virgen Santísima, que es quien lo ha hecho!... Ella, ella sola es quien lo ha hecho.

—¿Te alegras?... Ya lo creo; ahora la señorita Florentina cumplirá su promesa —dijo Sofía en tono de mofa—. Mil enhorabuenas a la señora doña Nela.. Ahí tienes tú cómo, cuando menos se piensa, se acuerda Dios de los pobres. Esto es como una lotería... ¡Qué premio gordo, Nelilla!... Y puede que no seas agradecida...; no, no lo serás... No he conocido a ningún pobre que tenga gratitud. Son soberbios, y mientras más se les da más quieren... Ya es cosa hecha que Pablo se casará con su prima. Buena pareja; los dos son guapos chicos, y ella no parece tonta..., y tiene una cara preciosa, ¡qué lástima de cara y de cuerpo con aquellos vestidos tan horribles! ¡Oh!, si necesito vestirme, no me traigan acá a la modista de Santa Irene de Campó.

Esto decía, cuando entró Carlos. Su rostro resplandecía de júbilo.

—¡Triunfo completo! —gritó desde la puerta. Después de Dios, mi hermano Teodoro.

¿Es cierto?...

Como la luz del día... Yo no lo creí... ¡Pero qué triunfo, Sofía, qué triunfo! No hay para mí gozo mayor que ser hermano de mi hermano... Es el rey de los hombres... Si es lo que digo: después de Dios, Teodoro.

17

FUGITIVA Y MEDITABUNDA

La estupenda y gratísima nueva corrió por todo Socartes. No se hablaba de otra cosa en los hornos, en los talleres, en las máquinas de lavar, en el plano inclinado, en lo profundo de las excavaciones y en lo alto de los picos, al aire libre y en las entrañas de la tierra. Añadíanse interesantes comentarios: que en Aldeacorba se creyó por un momento que don Francisco Penáguilas pensaba celebrar el regocijado suceso dando un banquete a cuantos trabajaban en las minas, y, finalmente, que don Teodoro era digno de que todos los ciegos habidos y por haber le pusieran en las niñas de sus ojos.

No osaba la Nela poner los pies en la casa de Aldeacorba. Secreta fuerza poderosa la alejaba de ella. Anduvo vagando todo el día por los alrededores de la mina, contemplando desde lejos la casa de Penáguilas, que le parecía transformada. En su alma se juntaba, a un gozo extraordinario, una como vergüenza de sí misma; a la exaltación de un afecto noble, la insoportable comezón de un amor propio muy susceptible.

Halló una tregua a las congojosas batallas de su alma en la madre soledad, que tanto había contribuido a la formación de su carácter, y en contemplar las hermosuras de la Naturaleza, medio fácil de comunicar su pensamiento con la Divinidad. Las nubes del cielo y las flores de la tierra hacían en su espíritu efecto igual al que hacen en otros la pompa de los altares, la elocuencia de los oradores cristianos y las lecturas de sutiles conceptos místicos. En la soledad del campo pensaba ella, y decía mentalmente mil cosas, sin sospechar que eran oraciones. Mirando a Aldeacorba, decía:

«No volveré más allá... Ya acabó todo para mí... Ahora, ¿de qué sirvo yo?»

En su rudeza pudo observar que el conflicto en que estaba su alma provenía de no poder aborrecer a nadie. Por el contrario, érale forzoso amar a todos, al amigo y al enemigo; y así como los abrojos se trocaban en flores bajo la mano milagrosa de una mártir cristiana, la Nela veía que sus celos y su despecho se convertían graciosamente en admiración y gratitud. Lo que no sufría metamorfosis era aquella pasioncilla que antes llamamos vergüenza de sí misma, y que la impulsaba a eliminar su persona de todo lo que pudiera ocurrir ya en Aldeacorba. Era como un aspecto singular del mismo sentimiento que en los seres educados y cultos se llamaba amor propio, por más que en ella revistiera los caracteres del desprecio de sí misma; pero la filiación de aquel sentimiento con el que tan grande parte tiene en las acciones del hombre civilizado se reconocía en que se basaba, como éste, en la dignidad más puntillosa. Si Marianela usara ciertas voces, habría dicho:

«Mi dignidad no me permite aceptar el atroz desaire que voy a recibir. Puesto que Dios quiere que sufra esta humillación, sea; pero no he de asistir a mi destronamiento; Dios bendiga a la que por ley natural ocupará mi puesto; pero no tengo valor para sentarla yo misma en él.»

No pudiendo hablar así, su rudeza expresaba la misma idea de este otro modo:

«No vuelvo más a Aldeacorba... No consentiré que me vea... Huiré con Celipín; o me iré con mi madre. Ahora yo no sirvo para nada.»

Pero mientras esto decía, parecíale muy desconsolador renunciar al divino amparo de aquella celestial Virgen que se le había aparecido en lo más negro de su vida extendiendo su manto para abrigarla. ¡Ver realizado lo que tantas veces viera en sueños palpitando de gozo y tener que renunciar a ello!... ¡Sentirse llamada por una voz cariñosa, que le ofrecía fraternal amor, hermosa vivienda, consideración, nombre, bienestar, y no poder acudir a este llamamiento, inundada de gozo, de esperanza, de gratitud!... ¡Rechazar la mano celestial que la sacaba de aquella sentina de degradación y miseria para hacer de la vagabunda una persona y elevarla de la jerarquía de los animales domésticos a la de los seres respetados y queridos!...

«¡Ay! —exclamó, clavándose los dedos como garras en el pecho—. No puedo, no puedo... Por nada del mundo me presentaré en Aldeacorba. ¡Virgen de mi alma, ampárame!... ¡Madre mía, ven por mí!...»

Al anochecer marchó a su casa. Por el camino encontró a Celipín con un palito en la mano y en la punta del palo la gorra.

—Nelilla —le dijo el chico—, ¿no es verdad que así se pone el señor Teodoro? Ahora pasaba por la charca de Hinojales y me miré en el agua. ¡Córcholis!, me quedé pasmado, porque me vi con la *mesma* figura de don Teodoro Golfín... Cualquier día de esta semanita nos vamos a ser médicos y hombres de provecho... Ya tengo juntado lo que quería. Verás cómo nadie se ríe del señor Celipín.

Tres días más estuvo la Nela fugitiva, vagando por los alrededores de las minas, siguiendo el curso del río por sus escabrosas riberas o internándose en el sosegado apartamiento del bosque de Saldeoro. Las noches pasábalas entre sus cestas, sin dormir. Una noche dijo tímidamente a su compañero de vivienda:

—¿Cuándo, Celipín?

Y Celipín contestó con la gravedad de un expedicionario formal:

—Mañana.

Levantáronse los dos aventureros al rayar el día y cada cual fue por su lado: Celipín, a su trabajo; la Nela, a llevar un recado que le dio Señana para la criada del ingeniero. Al volver encontró dentro de la casa a la señorita Florentina, que le esperaba. Quedose al verla María sobrecogida y temerosa, porque adivinó con su instintiva perspicacia, o más bien con lo que el vulgo llama corazonada, el objeto de aquella visita.

—Nela, querida hermana —dijo la señorita con elocuente cariño. ¿Qué conducta es esa? ¿Por qué no has parecido por allá en todos estos días?... Ven, Pablo desea verte... ¿No sabes que ya puede decir: «Quiero ver tal cosa»? ¿No sabes que ya mi primo no es ciego?

—Ya lo sé —dijo la Nela, tomando la mano que la señorita le ofrecía y cubriéndola de besos.

—Vamos allá, vamos al momento. No hace más que preguntar por la señorita Nela. Hoy es preciso que estés allí cuando don Teodoro le levante la venda... Es la cuarta vez... El día de la primera prueba... ¡qué día! Cuando comprendimos que mi primo había nacido a la luz, casi nos morimos de gozo. La primera cara que vio fue la mía... Vamos.

María soltó la mano de la Virgen Santísima.

—¿Te has olvidado de mi promesa sagrada —añadió ésta—, o creías que era broma? ¡Ay!, todo me parece poco para demostrar a la Madre de Dios el gran favor que nos ha hecho... Yo quisiera que en estos días nadie estuviera triste en todo lo que abarca el Universo; quisiera poder repartir mi alegría, echándola a todos lados, como echan los labradores el grano cuando siembran; quisiera poder entrar en todas las habitaciones miserables y decir: «Ya se acabaron vuestras penas; aquí traigo yo remedio para todos.» Esto no es posible, esto sólo puede hacerlo Dios. Ya que mis fuerzas no pueden igualar a mi voluntad, hagamos bien lo poco que podemos hacer..., y se acabaron las palabras, Nela. Ahora despídete de esta choza, di adiós a todas las cosas que han acompañado a tu miseria y a tu soledad. También se tiene cariño a la miseria, hija.

Marianela no dijo adiós a nada, y como en la casa no estaban a la sazón ninguno de sus simpáticos habitantes, no fue preciso detenerse por ellos. Florentina salió, llevando de la mano a la que sus nobles sentimientos y su cristiano fervor habían puesto a su lado en el orden de la familia y la Nela se dejaba llevar, sintiéndose incapaz de oponer resistencia. Pensaba que una fuerza sobrenatural le tiraba de la mano, y que iba fatal y necesariamente conducida, como las almas que los brazos de un ángel transportan al Cielo. Aquel día tomaron el camino de Hinojales, que es el mismo donde la vagabunda vio a Florentina por primera vez. Al entrar en la calleja, la señorita dijo a su amiga:

140

—¿Por qué no has ido a casa? Mi tío dijo que tienes modestia y una delicadeza natural que es lástima no haya sido cultivada. ¿Tu delicadeza te impedía venir a reclamar lo que por la misericordia de Dios habías ganado? Eso cree mi tío... ¡Cómo estaba aquel día el pobre señor!...; decía que ya no le importaba morirse..., ¿Ves tú?, todavía tengo los ojos encarnados de tanto llorar. Es que anoche mi tío, mi padre y yo no dormimos: estuvimos formando proyectos de familia y haciendo castillos en el aire toda la noche... ¿Por qué callas? ¿Por qué no dices nada?... ¿No estás tú también alegre como yo?

La Nela miró a la señorita, oponiendo débil resistencia a la dulce mano que la conducía.

—Sigue..., ¿qué tienes? Me miras de un modo particular, Nela.

Así era, en efecto; los ojos de la abandonada, vagando con extravío de uno en otro objeto, tenían al fijarse en la Virgen Santísima el resplandor del espanto.

—¿Por qué tiembla tu mano? —preguntó la señorita—. ¿Estás enferma? Te has puesto muy pálida y das diente con diente. Si estás enferma, yo te curaré, yo misma. Desde hoy tienes quien se interese por ti y te mime y te haga cariños... No seré yo sola, pues Pablo te estima... me lo ha dicho. Los dos te querremos mucho, porque él y yo seremos como uno solo... Desea verte. ¡Figúrate si tendrá curiosidad quien nunca ha visto...! Pero no creas..., como tiene tanto entendimiento y una imaginación que, según parece, le ha anticipado ciertas ideas que no poseen comúnmente los ciegos, desde el primer instante supo distinguir las cosas feas de las bonitas. Un pedazo de lacre encarnado le agradó mucho, y un pedazo de carbón le pareció horrible. Admiró la hermosura del cielo, y se estremeció con repugnancia al ver una rana. Todo lo que es bello le produce un entusiasmo que parece delirio; todo lo que es feo le causa horror y se pone a temblar como cuando tenemos mucho miedo. Yo no debí parecerle mal, porque exclamó al verme: «¡Ay, prima mía, qué hermosa eres! ¡Bendito sea Dios que me ha dado esta luz con que ahora te siento!».

La Nela tiró suavemente de la mano de Florentina y soltola después, cayendo al suelo como un cuerpo que pierde súbitamente la vida. Inclinose sobre ella la señorita, y con cariñosa voz le dijo:

—¿Qué tienes?... ¿Por qué me miras así?

Clavaba la huérfana sus ojos con terrible fijeza en el rostro de la Virgen Santísima; pero no brillaban, no, con expresión de rencor, sino con una como congoja suplicante, a la manera de la postrer mirada del moribundo que pide misericordia a la imagen de Dios, creyéndola Dios mismo.

—Señora —murmuró la Nela—, yo no la aborrezco a usted, no...; no la aborrezco... Al contrario, la quiero mucho, la adoro...

Diciéndolo, tomó el borde del vestido de Florentina, y llevándolo a sus secos labios, lo besó ardientemente.

—¿Y quién puede creer que me aborreces? —dijo la de Penáguilas, llena de confusión. Ya sé que me quieres. Pero me das miedo..., levántate.

—Yo la quiero a usted mucho, la adoro —repitió Marianela, besando los pies de la señorita—, pero no puedo, no puedo...

—¿Que no puedes? Levántate, por amor de Dios.

Florentina extendió sus brazos para levantarla; pero sin necesidad de ser sostenida, la Nela alzose de un salto, y, poniéndose rápidamente a bastante distancia, exclamó bañada en lágrimas:

—¡No puedo, señorita mía, no puedo!

—¿Qué?..., ¡por Dios y la Virgen!..., ¿qué te pasa?

—No puedo ir allá.

Y señaló la casa de Aldeacorba, cuyo tejado se veía a lo lejos entre los árboles.

—¿Por qué?

—La Virgen Santísima lo sabe —replicó la Nela con cierta decisión. Que la Virgen Santísima la bendiga a usted.

Haciendo una cruz con los dedos, se los besó. Juraba. Florentina dio un paso hacia ella. Comprendiendo María aquel movimiento de cariño, corrió velozmente hacia la señorita y apoyando su cabeza en el seno de ella, murmuró entre gemidos:

—¡Por Dios..., deme usted un abrazo!

Florentina la abrazó tiernamente. Apartándose entonces con un movimiento, mejor dicho, con un salto ligero, flexible y repentino, la mujer o niña salvaje subió a un matorral cercano. La hierba parecía que se apartaba para darle paso.

—Nela, hermana mía —gritó con angustia Florentina.

—¡Adiós, niña de mi alma! —dijo la Nela, mirándola por última vez.

Y desapareció entre el ramaje. Florentina sintió el ruido de la hierba, atendiendo a él como atiende el cazador a los pasos de la pieza que se le escapa; después todo quedó en silencio, y no se oía sino el sordo monólogo de la Naturaleza campestre en mitad del día, un rumor que parece el susurro de nuestras propias ideas al extenderse irradiando por lo que nos circunda. Florentina estaba absorta, paralizada, muda, afligidísima, como el que ve desvanecerse la más risueña ilusión de su vida. No sabía qué pensar de aquel suceso, ni su bondad inmensa, que incapacitaba frecuentemente su discernimiento, podía explicárselo.

Largo rato después hallábase en el mismo sitio, la cabeza inclinada sobre el pecho, las mejillas encendidas, los celestiales ojos mojados de llanto, cuando acertó a pasar Teodoro Golfín, que de la casa de Aldeacorba con tranquilo paso venía. Grande fue el asombro del doctor al ver a la señorita sola y con aquel interesante aparato de pena y desconsuelo que, lejos de mermar su belleza, la acrecentaba.

—¿Qué tiene la niña? —preguntó vivamente—. ¿Qué es eso, Florentina?

—Una cosa terrible, señor don Teodoro —replicó la señorita de Penáguilas, secando sus lágrimas. Estoy pensando, estoy considerando qué cosas tan malas hay en el mundo.

—¿Y cuáles son esas cosas malas, señorita?... Donde está usted, ¿puede haber alguna?

Cosas perversas; pero entre todas hay una que es la más perversa de todas.

—¿Cuál?

—La ingratitud, señor Golfín.

Y mirando tras de la cerca de zarzas y helechos, dijo:

—Por allí se ha escapado.

Subió a lo más elevado del terreno para alcanzar a ver más lejos.

—No la distingo por ninguna parte.

—Ni yo —indicó, riendo, el médico. El señor don Manuel me ha dicho que se dedica usted a la caza de mariposas. Efectivamente, esas pícaras son muy ingratas al no dejarse coger por usted.

—No es eso... Contaré a usted, si va hacia Aldeacorba.

—No voy, sino que vengo, preciosa señorita; pero porque usted me cuente alguna cosa, cualquiera que sea, volveré con mucho gusto. Volvamos a Aldeacorba, ya soy todo oídos.

18

LA NELA SE DECIDE A PARTIR

Vagando estuvo la Nela todo el día, y por la noche rondó la casa de Aldeacorba, acercándose a ella todo lo que le era posible sin peligro de ser descubierta. Cuando sentía rumor de pasos, alejábase prontamente, como un ladrón. Bajó a la hondonada de la Terrible cuyo pavoroso aspecto de cráter en aquella ocasión le agradaba, y después de discurrir por el fondo, contemplando los gigantes de piedra que en su recinto se elevaban como personajes congregados en un circo, trepó a uno de ellos para descubrir las luces de Aldeacorba. Allí estaban, brillando en el borde de la mina, sobre la oscuridad del cielo y de la tierra. Después de mirarlas como si nunca en su vida hubiera visto luces, salió de la Terrible y subió hacia la Trascava. Antes de llegar a ella sintió pasos, detúvose, y al poco rato vio que por el sendero adelante venía con resuelto andar el señor de Celipín. Traía un pequeño lío pendiente de un palo puesto al hombro, y su marcha, como su ademán, demostraban firme resolución de no parar hasta medir con sus piernas toda la anchura de la Tierra.

—¡Celipe!..., ¿adónde vas? —le preguntó la Nela deteniéndole.

—¡Nela!..., ¿tú por estos barrios?... Creíamos que estabas en casa de la señorita Florentina, comiendo jamones, pavos y perdices a todas horas y bebiendo limonada con azucarillos. ¿Qué haces aquí?

—Y tú, ¿adónde vas?

—¿Ahora salimos con eso? ¿Para qué me lo preguntas si lo sabes? —replicó el chico, requiriendo el palo y el lío—. Bien sabes que voy a aprender mucho y a ganar dinero... ¿No te dije que esta noche...? Pues aquí me tienes más contento que unas pascuas, aunque algo triste, cuando pienso lo que padre y madre van a llorar... Mira, Nela, la Virgen Santísima nos ha favorecido esta noche, porque padre y madre empezaron a roncar más pronto que otras veces, y yo, que ya tenía hecho el lío me subí al ventanillo, y por el ventanillo me eché fuera... ¿Vienes tú o no vienes?

—Yo también voy —dijo la Nela, con un movimiento repentino, asiendo el brazo del intrépido viajero.

—Tomaremos el tren, y en el tren iremos hasta donde podamos —afirmó Celipín con generoso entusiasmo—. Y despúes pediremos limosna hasta llegar a los Madriles del Rey de España; y, una vez que estemos en los Madriles del Rey de España, tú te pondrás a servir en una casa de marqueses y condeses, y yo en otra, y así, mientras yo estudie, tú podrás aprender muchas finuras. ¡Córcholis!, de todo lo que yo vaya aprendiendo te iré enseñando a ti un poquillo, un poquillo nada mas, porque las mujeres no necesitan tantas sabidurías como nosotros los señores médicos.

Antes que Celipín acabara de hablar, los dos se habían puesto en camino, andando tan aprisa cual si estuvieran viendo ya las torres de los Madriles del Rey de España.

—Salgámonos del sendero —dijo Celipín, dando pruebas en aquella ocasión de un gran talento práctico—, porque si nos ven nos echarán mano y nos darán un buen pie de paliza.

Pero la Nela soltó la mano de su compañero de aventuras, y sentándose en una piedra, murmuró tristemente:

—Yo no voy.

—Nela..., ¡qué tonta eres! Tú no tienes, como yo, un corazón del tamaño de esas peñas de la Terrible —dijo Celipín, con fanfarronería—. ¡Recórcholis!, ¿a qué tienes miedo? ¿Por qué no vienes?

—Yo..., ¿para qué?

—¿No sabes que dijo don Teodoro que los que nos criamos aquí nos volvemos piedras...? Yo no quiero ser una piedra, yo no.

—Yo..., ¿para qué voy? —dijo la Nela con amargo desconsuelo—. Para ti es tiempo, para mí es tarde.

La chiquilla dejó caer la cabeza sobre su pecho, y por largo rato permaneció insensible a la seductora verbosidad del futuro Hipócrates. Al ver que iba a franquear el lindero de aquella tierra donde había vivido y donde dormía su madre el eterno sueño, se sintió arrancada de su suelo natural. La hermosura del país, con cuyos accidentes se sentía unida por una especie de parentesco, la escasa felicidad que había gustado en él; la miseria misma; el recuerdo de su amito y de las gratas horas de paseo por el bosque y hacia la fuente de Saldeoro; los sentimientos de admiración o de simpatía, de amor o de gratitud que habían florecido en su alma en presencia de aquellas mismas flores, de aquellas mismas nubes, de aquellos árboles frondosos, de aquellas peñas rojas, como asociados a la belleza y desarrollo de aquellas mismas partes de la Naturaleza, eran otras tantas raíces, cuya violenta tirantez, al ser arrancadas, producíala vivísimo dolor.

—Yo no me voy —repitió.

Y Celipín hablaba, hablaba, cual si ya, subiendo milagrosamente hasta el pináculo de su carrera, perteneciese a todas las Academias creadas y por crear.

—Entonces, ¿vuelves a casa? —preguntóle al ver que su elocuencia era tan inútil como la de aquellos centros oficiales del saber.

—No.

—¿Vas a la casa de Aldeacorba?

—Tampoco.

Entonces, ¿te vas al pueblo de la señorita Florentina?

—No, tampoco.

—Pues, entonces, ¡córcholis, recórcholis!, ¿adónde vas?

La Nela no contestó nada: seguía mirando con espanto al suelo, como si en él estuvieran los pedazos de la cosa más bella y más rica del mundo, que acababa de caer y romperse.

—Pues, entonces, Nela —dijo Celipín, fatigado de sus largos discursos—, yo te dejo y me voy, porque pueden descubrirme... ¿Quieres que te dé una peseta, por si se te ofrece algo esta noche?

—No, Celipín, no quiero nada... Vete, tú serás hombre de provecho... Pórtate bien, y no te olvides de Socartes ni de tus padres.

El viajero sintió una cosa impropia de varón tal, formal y respetable: sintió que le venían ganas de llorar; mas, sofocando aquella emoción importuna, dijo:

—¿Cómo he de olvidar a Socartes?... ¡Pues no faltaba más!... No me olvidaré de mis padres ni de ti, que me has ayudado a esto... Adiós, Nelilla... Siento pasos.

Celipín enarboló su palo con una decisión que probaba cuán templada estaba su alma para afrontar los peligros del mundo; pero su intrepidez no tuvo objeto, porque era un perro el que venía.

—Es *Choto* —dijo Nela, temblando.

—Agur —murmuró Celipín, poniéndose en marcha.

Desapareció entre las sombras de la noche.

La Geología había perdido una piedra, y la sociedad había ganado un hombre.

* * *

Al verse acariciada por *Choto,* la Nela sintió escalofríos. El generoso animal, después de saltar alrededor de ella, gruñendo con tanta expresión que faltaba muy poco para que sus gruñidos fuesen palabras, echó a correr con velocidad suma hacia Aldeacorba. Creeríase que corría tras una pieza de caza; pero, al contrario de ciertos oradores, el buen *Choto* ladrando hablaba.

A la misma hora, Teodoro Golfín salía de la casa de Penáguilas. Llegose a él *Choto* y le dijo atropelladamente, no sabemos qué. Era como una brusca interpelación pronunciada entre los bufidos del cansancio y los ahogos del sentimiento. Golfín, que sabía muchas lenguas, era poco fuerte en la canina, y no hizo caso. Pero *Choto* dio unas cuarenta vueltas en torno de él, soltando de su espumeante boca unos al modo de insulto, que después parecían voces cariñosas y luego amenazas. Teodoro se detuvo entonces, prestando atención al cuadrúpedo. Viendo *Choto* que se había hecho entender un poco, echó a correr en dirección contraria a la que llevaba Golfín. Éste le siguió, murmurando: «Pues vamos allá.»

Choto regresó corriendo como para cerciorarse de que era seguido, y después se alejó de nuevo. Como a cien metros de Aldeacorba, Golfín creyó sentir una voz humana, que dijo:

—¿Qué quieres, *Choto?*

Al punto sospechó que era la Nela quien hablaba. Detuvo el paso, prestó atención, colocándose a la sombra de un roble, y no tardó en descubrir una figura que apartándose de la pared de piedra, andaba despacio. La sombra de las zarzas no permitía descubrirla bien. Despacito, siguiola a bastante distancia, apartándose de la senda y andando sobre el césped para no hacer ruido. Indudablemente era ella. Conociola perfectamente cuando entró en terreno claro, donde no oscurecían el suelo árboles ni arbustos.

La Nela avanzó después más rápidamente. Al fin corría. Golfín corrió también. Después de un rato de esta desigual marcha, la chiquilla se sentó en una piedra. A sus pies se abría el cóncavo hueco de la Trascava, sombrío y espantoso en la oscuridad de la noche. Golfín esperó, y, con paso muy quedo, acercose más. *Choto* estaba frente a la Nela, echado sobre los cuartos traseros, derechas las patas delanteras, y mirándola como una esfinge. La Nela miraba hacia abajo... De pronto empezó a descender rápidamente, más bien resbalando que corriendo. Como un león, se abalanzó Teodoro a la sima, gritando con voz de gigante:

—¡Nela, Nela!...

Miró y no vio nada en la negra boca. Oía, sí, los gruñidos de *Choto*, que corría por la vertiente en derredor, describiendo espirales, cual si le arrastrara un líquido tragado por la espantosa sima. Trató de bajar Teodoro, y dio algunos pasos cautelosamente. Volvió a gritar, y una voz le contestó desde abajo:

—Señor...

—Sube al momento.

No recibió contestación.

—Que subas.

Al poco rato dibujose la figura de la vagabunda en lo más hondo que se podía ver del horrible embudo. *Choto,* después de husmear el tragadero de la Trascava subía describiendo las mismas espirales. La Nela subía también, pero muy despacio. Detúvose, y entonces se oyó su voz, que decía débilmente:

—Señor...

—Que subas te digo... ¿Qué haces ahí?

La Nela subió otro poco.

—Sube pronto..., tengo que decirte una cosa.

—¿Una cosa?...

—Una cosa, sí; una cosa tengo que decirte.

Mariquilla acabó de subir, y Teodoro no se creyó triunfante hasta que pudo asir fuertemente su mano para llevarla consigo.

19

DOMESTICACIÓN

Anduvieron breve rato los dos sin decir nada. Teodoro Golfín, con ser sabio, discreto y locuaz, sentíase igualmente torpe que la Nela, ignorante de suyo y muy lacónica por costumbre. Seguíale sin hacer resistencia, y él acomodaba su paso al de la mujer-niña, como hombre que lleva un chico a la escuela. En cierto paraje del camino, donde había tres enormes piedras blanquecinas y carcomidas, que parecían huesos de gigantescos animales, el doctor se sentó, y, poniendo delante de sí, en pie, a la Nela, como quien va a pedir cuentas de travesuras graves, tomole ambas manos y, seriamente, le dijo:

—¿Qué ibas a hacer allí?

—Yo..., ¿dónde?

—Allí. Bien comprendes lo que quiero decirte. Responde claramente, como se responde a un confesor o a un padre.

—Yo no tengo padre —replicó la Nela con ligero acento de rebeldía.

—Es verdad; pero figúrate que lo soy yo, y responde. ¿Qué ibas a hacer allí?

—Allí está mi madre —le fue respondido de una manera hosca.

—Tu madre ha muerto. ¿Tú no sabes que los que se han muerto están en el otro mundo?

—Está allí —afirmó la Nela con aplomo, volviendo tristemente sus ojos al punto indicado.

—Y tú pensabas ir con ella, ¿no es eso? Es decir, que pensabas quitarte la vida.

—Sí, señor; eso mismo.

—¿Y tú no sabes que tu madre cometió un gran crimen al darse la muerte, y que tú cometerías otro igual imitándola? ¿A ti no te han enseñado esto?

—No me acuerdo de si me han enseñado tal cosa. Si yo me quiero matar, ¿quién me lo puede impedir?

—¿Pero tú misma, sin auxilio de nadie, no comprendes que a Dios no puede agradar que nos quitemos la vida?... ¡Pobre criatura, abandonada a tus sentimientos naturales, sin instrucción ni religión, sin ninguna influencia afectuosa y desinteresada que te guíe! ¿Qué ideas tienes de Dios, de la otra vida, del morir?... ¿De dónde has sacado que tu madre está allí?... ¿A unos cuantos huesos sin vida llamas tu madre?... ¿Crees que ella sigue viviendo, pensando y amándote dentro de esa caverna? ¿Nadie te ha dicho que las almas, una vez que sueltan su cuerpo, jamás vuelven a él? ¿Ignoras que las sepulturas, de cualquier forma que sean, no encierran más que polvo, descomposición y miseria?... ¿Cómo te figuras tú a Dios? ¿Como un señor muy serio que está allá arriba con los brazos cruzados, dispuesto a tolerar que juguemos con nuestra vida y a que en lugar suyo pongamos espíritus, duendes y fantasmas, que nosotros mismos hacemos?... Tu amo, que es tan discreto, ¿no te ha dicho jamás estas cosas?

—Sí me las ha dicho; pero como ya no me las ha de decir...

—Pero como ya no te las ha de decir, ¿atentas a tu vida? Dime, tontuela; arrojándote a ese agujero, ¿qué bien pensabas tú alcanzar? ¿Pensabas estar mejor?

—Sí, señor.

—¿Cómo?

—No sintiendo nada de lo que ahora siento, sino otras cosas mejores, y juntándome con mi madre.

—Veo que eres más tonta que hecha de encargo —dijo Golfín, riendo. Ahora vas a ser franca conmigo. ¿Tú me quieres mal?

—No, señor; no. Yo no quiero mal a nadie, y menos a usted, que ha sido tan bueno conmigo y que ha dado la vista a mi amo.

—Bien; pero eso no basta. Yo no sólo deseo que me quieras bien, sino que tengas confianza en mí y me confíes tus cosillas. A ti te pasan cosillas muy curiosas, picarona, y todas me las vas a decir, todas. Verás cómo no te pesa; verás cómo soy un buen confesor.

La Nela sonrió con tristeza. Después bajó la cabeza, y doblándose sus piernas, cayó de rodillas.

—No, tonta, así estás mal. Siéntate junto a mí; ven acá —dijo Golfín cariñosamente, sentándola a su lado.

—Se me figura que estabas rabiando por encontrar una persona a quien poder decirle tus secretos. ¿No es verdad? ¡Y no hallabas ninguna! Efectivamente, estás demasiado sola en el mundo... Vamos a ver, Nela, dime ante todo: ¿por qué?..., pon mucha atención..., ¿por qué se te metió en la cabeza quitarte la vida?

La Nela no contestó nada.

—Yo te conocí gozosa y, al parecer, satisfecha de vivir, hace algunos días. ¿Por qué de la noche a la mañana te has vuelto loca?...

—Quería ir con mi madre —repuso la Nela, después de vacilar un instante.— No quería vivir más. Yo no sirvo para nada. ¿De qué sirvo yo? ¿No vale más que me muera? Si Dios no quiere que me muera, me moriré yo misma por mi misma voluntad.

—Esa idea de que no sirves para nada es causa de grandes desgracias para ti, ¡infeliz criatura! ¡Maldito sea el que te la inculcó, o los que te la inculcaron, porque son muchos!... Todos son, igualmente, responsables del abandono, de la soledad y de la ignorancia en que has vivido. ¡Que no sirves para nada! ¡Sabe Dios lo que hubieras sido tú en otras manos! Eres una personilla delicada, muy delicada, quizá de inmenso valor; pero, ¡qué demonio!, pon un arpa en manos toscas..., ¿qué harán?, romperla..., porque tu constitución débil no te permita partir piedra y arrastrar tierra como esas bestias en forma humana que se llaman Mariuca y Pepina. ¿Acaso hemos nacido para trabajar como los animales...? ¿No tendrás tú inteligencia, no tendrás tú sensibilidad, no tendrás mil dotes preciosas que nadie ha sabido cultivar? No: tú sirves para algo, aún servirás para mucho si encuentras una mano hábil que te sepa dirigir.

La Nela, profundamente impresionada con estas palabras, que entendió por intuición, fijaba sus ojos en el rostro duro, expresivo e inteligente de Teodoro Golfín. Asombro y reconocimiento llenaban su alma.

—Pero en ti no hay un misterio solo —añadió el león negro. Ahora se te ha presentado la ocasión más preciosa para salir de tu miserable abandono, y la has rechazado. Florentina, que es un ángel de Dios, ha querido hacer de ti una amiga y una hermana; no conozco un ejemplo igual de virtud y de bondad..., y tú ¿qué has hecho?...: huir de ella como una salvaje... ¿Es esto ingratitud o algún otro sentimiento que no comprendemos?

—No, no, no —replicó la Nela con aflicción—, yo no soy ingrata. Yo adoro a la señorita Florentina... Me parece que no es de carne y hueso, como nosotros, y que no merezco ni siquiera mirarla...

—Pues, hija, eso podrá ser verdad; pero tu comportamiento no quiere decir sino que eres ingrata, muy ingrata.

—No, no soy ingrata —exclamó la Nela, ahogada por los sollozos—. Bien me lo temía yo..., sí, me lo temía..., yo sospechaba que me creerían ingrata, y esto es lo único que me ponía triste cuando me iba a matar... Como soy tan bruta, no supe pedir perdón a la señorita por mi fuga, ni supe explicarle nada...

—Yo te reconciliaré con la señorita..., yo; si tú no quieres verla más, me encargo de decirle y de probarle que no eres ingrata. Ahora descúbreme tu corazón y dime todo lo que sientes y la causa de tu desesperación. Por grande que sea el abandono de una criatura, por grande que sean su miseria y su soledad, no se arranca la vida sino cuando tiene motivos muy poderosos para aborrecerla.

—Sí, señor; eso mismo pienso yo.

—¿Y tú la aborreces?...

Nela estuvo callada un momento. Después, cruzando los brazos, dijo con vehemencia:

—No, señor; yo no la aborrezco, sino que la deseo.

—¡A buena parte ibas a buscarla!

—Yo creo que después que uno se muere tiene lo que aquí no puede conseguir... Si no, ¿por qué nos está llamando la muerte a todas horas? Yo tengo sueños, y, soñando veo felices y contentos a todos los que se han muerto.

—¿Tú crees en lo que sueñas?

—Sí, señor. Y miro los árboles y las peñas, que estoy acostumbrada a ver desde que nací, y en su cara veo cosas...

—¡Hola, hola!... ¿También los árboles y las peñas tienen cara?...

—Sí, señor... Para mí, todas las cosas hermosas ven y hablan... Por eso cuando todas me han dicho: «Ven con nosotras, muérete y vivirás sin penas...», yo...

—«¡Qué lástima de fantasía! —murmuró Golfín—. Alma enteramente pagana».

Y luego añadió en voz alta:

—Si deseas la vida, ¿por qué no aceptaste lo que Florentina te ofrecía? Vuelvo al mismo tema.

—Porque..., porque..., porque la señorita Florentina no me ofrecía sino la muerte —dijo la Nela con energía.

—¡Qué mal juzgas su caridad! Hay seres tan infelices que prefieren la vida vagabunda y miserable a la dignidad que poseen las personas de un orden superior. Tú te has acostumbrado a la vida salvaje en contacto directo con la Naturaleza, y prefieres esta libertad grosera a los afectos más dulces de una familia. ¿Has sido tú feliz en esta vida?

—Empezaba a serlo...

—¿Y cuándo dejaste de serlo?

Después de larga pausa, la Nela contestó:

—Cuando usted vino.

—¡Yo!... ¿Qué males he traído?

—Ninguno. No ha traído sino grandes bienes.

—Yo he devuelto la vista a tu amo —dijo Golfín, observando con atención de fisiólogo el semblante de la Nela. ¿No me agradeces esto?

—Mucho; sí, señor; mucho —replicó ella, fijando en el doctor sus ojos llenos de lágrimas.

Golfín, sin dejar de observarla ni perder el más ligero síntoma facial que pudiera servir para conocer los sentimientos de la mujer-niña, habló así:

—Tu amo me ha dicho que te quiere mucho. Cuando era ciego, lo mismo que después que tiene vista, no ha hecho más que preguntar por la Nela. Se conoce que para él todo el Universo está ocupado por una sola persona; que la luz que se le ha permitido gozar no sirve para nada si no sirve para ver a la Nela.

—¡Para ver a la Nela! ¡Pues no verá a la Nela!... ¡La Nela no se dejará ver! —exclamó ella con brío.

—¿Y por qué?

—Porque es muy fea... Se puede querer a la hija de la Canela cuando se tienen los ojos cerrados; pero cuando se abren los ojos y se ve a la señorita Florentina, no se puede querer a la pobre y enana Marianela.

—¡Quién sabe!...

—No puede ser..., no puede ser —afirmó la vagabunda con la mayor energía.

—Eso es un capricho tuyo... No puedes decir si agradas o no a tu amo mientras no lo pruebes. Yo te llevaré a la casa.

—¡No quiero, que no quiero! —gritó ella, levantándose de un salto y poniéndose frente a don Teodoro, que se quedó absorto al ver su briosa apostura y el fulgor de sus ojuelos negros, señales ambas cosas de un carácter decidido.

—Tranquilízate, ven acá —le dijo con dulzura—. Hablaremos... Verdaderamente, no eres muy bonita...; pero no es propio de una joven discreta apreciar tanto la hermosura exterior. Tienes un amor propio excesivo, mujer.

Y sin hacer caso de las observaciones del doctor, la Nela, firme en su puesto como lo estaba en su tema, pronunció solemnemente esta sentencia:

—No debe haber cosas feas... Ninguna cosa fea debe vivir.

—Pues mira, hijita, si todos los feos tuviéramos la obligación de quitarnos de en medio, ¡cuán despoblado se quedaría el mundo, pobre y desgraciada tontuela! Esa idea que me has dicho no es nueva. Tuviéronla personas que vivieron hace siglos, personas de fantasía, como tú, que vivían en la Naturaleza, y que, como tú, carecían de cierta luz que a ti te falta por tu ignorancia y abandono, y a ellas porque aún esa luz no había venido al mundo... Es preciso que te cures esa manía: hazte cargo de que hay una porción de dones más estimables que el de la hermosura, dones del alma que ni son ajados por el tiempo ni están sujetos al capricho de los ojos. Búscalos en tu alma, y los hallarás. No te pasará lo que con tu hermosura, que, por mucho que en el espejo la busques, no es fácil que la encuentres. Busca aquellos dones preciosos, cultívalos, y cuando los veas bien grandes y florecidos, no temas; ese afán que sientes se calmará. Entonces te sobrepondrás fácilmente a la situación desairada en que hoy te ves, y, elevándote, tendrás una hermosura que no admirarán quizá los ojos, pero que a ti misma te servirá de recreo y orgullo.

Estas sensatas palabras, o no fueron entendidas o no fueron aceptadas por la Nela, que, ocultándose otra vez junto a Golfín, le miraba atentamente. Sus ojos pequeñitos, que a los más hermosos ganaban en la elocuencia, parecían decir: «¿Pero a qué vienen todas esas sabidurías, señor pedante?»

—Aquí —continuó Golfín, gozando extremadamente con aquel asunto, y dándole, a pesar suyo, un tono de tesis psicológica— hay una cuestión principal, y es...

La Nela le había adivinado, y se cubrió el rostro con las manos.

—No tiene nada de extraño; al contrario, es muy natural lo que te pasa. Tienes un temperamento sentimental, imaginativo; has llevado con tu amor la vida libre y poética de la Naturaleza, siempre juntos, en inocente intimidad. Él es discreto hasta no más, y guapo como una estatua... Parece la belleza ciega hecha para recreo de los que tienen vista. Además, su bondad y la grandeza de su corazón cautivan y enamoran. No es extraño que te haya cautivado a ti, que eres niña, casi mujer, o una mujer que parece niña. ¿Le quieres mucho, le quieres más que a todas las cosas de este mundo?...

—Sí; sí, señor repuso la chicuela, sollozando.

—¿No puedes soportar la idea de que te deje de querer?

—No, no, señor.

—Él te ha dicho palabras amorosas y te ha hecho juramentos...

—¡Oh, sí, sí, señor. Me dijo que yo sería su compañera por toda la vida, y yo le creí...

—¿Por qué no ha de ser verdad?...

—Me dijo que no podría vivir sin mí, y que aunque tuviera vista me querría siempre mucho. Yo estaba contenta, y mi fealdad, mi pequeñez y mi facha ridícula no me importaban, porque él no podía verme, y allá en sus tinieblas me tenía por bonita. Pero después...

—Después... —murmuró Golfín, traspasado de compasión—. Ya veo que yo tengo la culpa de todo.

—La culpa no...; porque usted ha hecho una buena obra. Usted es muy bueno... Es un bien que él haya sanado de sus ojos... Yo me digo a mí misma que es un bien...; pero después de esto yo debo quitarme de en medio..., porque él verá a la señorita Florentina y la comparará conmigo..., y la señorita Florentina es como los ángeles, porque yo... Compararme con ella es como si un pedazo de espejo roto se comparara con el Sol... ¿Para qué sirvo yo? ¿Para qué nací?... ¡Dios se equivocó! Hízome una cara fea, un cuerpecillo chico y un corazón muy grande. ¿De qué me sirve este corazón grandísimo? De tormento, nada más. ¡Ay!, si yo no le sujetara, él se empeñaría en aborrecer mucho; pero el aborrecimiento no me gusta, yo no sé aborrecer, y antes que llegar a saber lo que es eso, quiero enterrar mi corazón para que no me atormente más.

—Te atormenta con los celos, con el sentimiento de verte humillada. ¡Ay!, Nela, tu soledad es grande. No puede salvarte ni el saber que no posees, ni la familia que te falta, ni el trabajo que desconoces. Dime, la protección de la señorita Florentina, ¿qué sentimientos ha despertado en ti?

—¡Miedo!... ¡Vergüenza! —exclamó la Nela, con temor, abriendo mucho sus ojuelos—. ¡Vivir con ellos, viéndoles a todas horas..., porque se casarán; el corazón me ha dicho que se casarán; yo he soñado que se casarán!...

—Pero Florentina es muy buena, te amará mucho...

—Yo la quiero también; pero no en Aldeacorba —dijo la chicuela con exaltación y desvarío. Ha venido a quitarme lo que es mío..., porque era mío, sí, señor... Florentina es como la Virgen..., yo la rezaría, sí, señor; le rezaría, porque no quiero que me quite lo que es mío..., y me lo quitará, ya me lo ha quitado... ¿Adónde voy yo ahora, qué soy, ni qué valgo? Todo lo perdí, todo, y quiero irme con mi madre.

La Nela dio algunos pasos; pero Golfín, como fiera que echa la zarpa, la detuvo fuertemente por la muñeca. Al cogerla, observó el agitado pulso de la vagabunda.

—Ven acá —le dijo—. Desde este momento, que quieras que no, te hago mi esclava. Eres mía, y no has de hacer sino lo que te mande yo. ¡Pobre criatura, formada de sensibilidad ardiente, de imaginación viva, de candidez y de superstición, eres una admirable persona nacida para todo lo bueno, pero desvirtuada por el estado salvaje en que has vivido, por el abandono y la falta de instrucción, pues careces hasta de lo más elemental! ¡En qué donosa sociedad vivimos, que hasta este punto se olvida de sus deberes y deja perder de este modo un ser preciosísimo!... Ven acá, que no has de separarte de mí; te tomo, te cazo, esa es la palabra: te cazo con trampa en medio de los bosques, florecita silvestre, y voy a ensayar en ti un sistema de educación... Veremos si sé tallar este hermoso diamante. ¡Ah, cuántas cosas ignoras! Yo descubriré un nuevo mundo en tu alma, te haré ver mil asombrosas maravillas que hasta ahora no has conocido, aunque de todas ellas has de tener tú una idea confusa, una idea vaga. ¿No sientes en tu pobre alma..., ¿cómo te lo diré?, el brotecillo, el pimpollo de una virtud, que es la más preciosa, la madre de todas, la humildad; una virtud por la cual gozamos extraordinariamente, ¡mira tú qué cosa tan rara!, al vernos inferiores a los demás? Gozamos, sí, al ver que otros están por encima de nosotros. ¿No sientes también la abnegación, por la cual nos complacemos en sacrificarnos por los demás, y hacernos pequeñitos para que otros sean grandes? Tú aprenderás esto; aprenderás a poner tu fealdad a los pies de la hermosura, a contemplar con serenidad y alegría los triunfos ajenos, a cargar de cadenas ese gran corazón tuyo, sometiéndolo por completo, para que jamás vuelva a sentir envidia mi despecho, para que ame a todos por igual, poniendo por encima de todos a los que te han hecho daño. Entonces serás lo que debes ser, por tu natural condición y por las cualidades que desde el nacer posees. ¡Infeliz!, has nacido en medio de una sociedad cristiana, y ni siquiera eres cristiana; vive tu alma en aquel estado de naturalismo poético, sí, esa es la palabra, y te la digo aunque no la entiendas..., en aquel estado en que vivieron pueblos de que apenas queda memoria. Los sentidos y las pasiones te gobiernan, y la forma es uno de tus dioses más queridos. Para ti han pasado en vano dieciocho siglos, consagrados a enaltecer el espíritu. Y esta egoísta sociedad que ha permitido tal abandono, ¿qué nombre merece? Te ha dejado crecer en la soledad de unas minas, sin enseñarte una letra, sin revelarte las conquistas más preciosas de la inteligencia, las verdades más elementales que hoy gobiernan al mundo; ni siquiera te ha llevado a una de esas escuelas de primeras letras, donde no se aprende casi nada; ni siquiera te ha dado la imperfectísima instrucción religiosa de que ella se envanece. Apenas has visto una iglesia más que para presenciar ceremonias que no te han explicado, apenas sabes recitar una oración que no entiendes; no sabes nada del mundo, ni de Dios, ni del alma... Pero todo lo sabrás; tú serás otra; dejarás de ser la Nela, yo te lo prometo, para ser una señorita de mérito, una mujer de bien.

No puede afirmarse que la Nela entendiera el anterior discurso, pronunciado por Golfín con tal vehemencia y brío, que olvidó un instante la persona con quien hablaba. Pero la vagabunda sentía una fascinación singular, y las ideas de aquel hombre penetraban dulcemente en su alma, hallando fácil asiento en ella. Sin duda, se efectuaba sobre la tosca muchacha el potente y fatal dominio que la inteligencia superior ejerce sobre la inferior. Triste y silenciosa, recostó su cabeza sobre el hombro de don Teodoro.

—Vamos allá —dijo este súbitamente.

La Nela tembló toda. Golfín observó el sudor de su frente, el glacial frío de sus manos, la violencia de su pulso; pero, lejos de cejar en su idea por causa de esta dolencia física, afirmose más en ella, repitiendo:

—Vamos, vamos; aquí hace frío.

Tomó de la mano a la Nela. El dominio que sobre ella ejercía era ya tan grande, que la chicuela se levantó tras él y dieron juntos algunos pasos. Después, Marianela se detuvo y cayó de rodillas.

—¡Oh!, señor —exclamó con espanto—, no me lleve usted.

Estaba pálida, descompuesta, con señales de una espantosa alteración física y moral. Golfín le tiró del brazo. El cuerpo desmayado de la vagabunda no se elevaba del suelo por su propia fuerza. Era preciso tirar de él como de un cuerpo muerto.

—Hace días —dijo Golfín— que en este mismo sitio te llevé sobre mis hombros porque no podías andar. Esta noche será lo mismo.

Y la levantó en sus brazos. La ardiente respiración de la mujer-niña le quemaba el rostro. Iba decadente y marchita, como una planta que acaba de ser arrancada del suelo, dejando en él las raíces. Al llegar a la casa de Aldeacorba sintió que su carga se hacía menos pesada. La Nela erguía su cuello, elevaba las manos con ademán de desesperación, pero callaba.

Entró Golfín. Todo estaba en silencio. Una criada salió a recibirle, y a instancias de Teodoro, condújole sin hacer ruido a la habitación de la señorita Florentina. Hallábase ésta sola, alumbrada por una luz que ya agonizaba, de rodillas en el suelo y apoyando sus brazos en el asiento de una silla, en actitud de orar devotamente. Alarmose al ver entrar a un hombre tan a deshora en su habitación, y a su fugaz alarma sucedió el asombro observando la carga que Golfín sobre sus robustos hombros traía.

La sorpresa no permitió a la señorita de Penáguilas usar de la palabra, cuando Teodoro, depositando cuidadosamente su carga sobre un sofá, le dijo:

—Aquí la traigo... ¿Qué tal, soy buen cazador de mariposas?

20

EL NUEVO MUNDO

Retrocedamos algunos días.

Cuando don Teodoro Golfín levantó por primera vez el vendaje de Pablo Penáguilas, éste dio un grito de espanto. Sus movimientos todos eran de retroceso. Extendía las manos como para apoyarse en un punto y retroceder mejor. El espacio iluminado era para él como un inmenso abismo, en el cual se suponía próximo a caer. El instinto de conservación obligábale a cerrar los ojos. Excitado por Teodoro, por su padre y los demás de la casa, que sentían honda ansiedad, miró de nuevo, pero el temor no disminuía. Las imágenes entraban, digámoslo así, en su cerebro, violenta y atropelladamente, con una especie de brusca embestida, de tal modo que él creía chocar contra los objetos; las montañas lejanas se le figuraban hallarse al alcance de su mano, y veía los objetos y personas que le rodeaban cual si, rápidamente, cayeran sobre sus ojos.

Observaba Teodoro Golfín estos fenómenos con viva curiosidad, pues era aquél el segundo caso de curación de ceguera congénita que había presenciado. Los demás no se atrevían a manifestar júbilo; de tal modo les confundía y pasmaba la perturbada inauguración de las funciones ópticas en el afortunado paciente. Pablo experimentaba una alegría delirante. Sus nervios y su fantasía hallábanse horriblemente excitados, por lo cual Teodoro juzgó, prudentemente, obligarle al reposo. Sonriendo le dijo:

—Por ahora, ha visto usted bastante. No se pasa de la ceguera a la luz, no se entra en los soberanos dominios del sol como quien entra en un teatro. Es éste un nacimiento en que hay también dolor.

Más tarde, el joven mostró deseos tan vehementes de volver a ejercer su nueva facultad preciosa, que Teodoro consintió en abrirle un resquicio del mundo visible.

—Mi interior —dijo Pablo, explicando su impresión primera— está inundado de hermosura, de una hermosura que antes no conocía. ¿Qué cosas fueron las que entraron en mí, llenándome de terror? La idea del tamaño, que yo no concebía sino de una manera imperfecta, se me presentó clara y terrible, como si me arrojaran desde las cimas más altas a los abismos más profundos. Todo esto es bello y grandioso, aunque me hace estremecer. Quiero ver repetidas esas sensaciones sublimes. Aquella extensión de hermosura que contemplé me ha dejado anonadado; era una cosa serena y majestuosamente inclinada hacia mí como para recibirme. Yo veía el Universo entero corriendo hacia mí, y estaba sobrecogido y temeroso... El cielo era un gran vacío atento, no lo expreso bien..., era el aspecto de una cosa extraordinariamente dotada de expresión. Todo aquel conjunto de cielo y montañas me observaba y hacia mí corría... pero todo era frío y severo en su gran majestad. Enséñenme una cosa delicada y cariñosa... La Nela, ¿en dónde está la Nela?

Al decir esto, Golfín, descubriendo nuevamente sus ojos a la luz y auxiliándoles con anteojos hábilmente graduados, le ponía en comunicación con la belleza visible.

—¡Oh, Dios mío!... Esto que veo, ¿es la Nela? —dijo Pablo con entusiasta admiración.

—Es tu prima Florentina.

—¡Ah! —exclamó el joven, confuso—. Es mi prima... Yo no tenía idea de una hermosura semejante... ¡Bendito sea el sentido que permite gozar de esta luz divina! Prima mía, eres como una música deliciosa; eso que veo me parece la expresión más clara de la armonía... ¿Y la Nela, dónde está?

—Tiempo tendrás de verla —dijo don Francisco, lleno de gozo—. Sosiégate ahora.

—¡Florentina, Florentina! —repitió el ciego con desvarío— ¿Qué tienes en esa cara, que parece la misma idea de Dios puesta en carnes? Estás en medio de una cosa que debe de ser el sol. De tu cara salen unos como rayos..., al fin puedo tener idea de cómo son los ángeles... y tu cuerpo, tus manos, tus cabellos vibran, mostrándome ideas preciosas... ¿Qué es esto?

—Principia a hacerse cargo de los colores —murmuró Golfín—. Quizá vea los objetos rodeados con los colores del iris. Aún no posee bien la adaptación a las distancias.

—Te veo dentro de mis propios ojos —añadió Pablo—. Te fundes con todo lo que pienso, y tu persona visible es para mí como un recuerdo. ¿Un recuerdo de qué? Yo no he visto nada hasta ahora... ¿Habré vivido antes de esta vida? No lo sé; pero yo tenía noticias de esos ojos tuyos. Y tú, padre, ¿dónde estás? ¡Ah!, ya te veo. Eres tú..., se me presenta contigo el amor que te tengo... ¿Pues y mi tío?... Ambos os parecéis mucho... ¿En dónde está el bendito Golfín?

—Aquí..., en la presencia de su enfermo —dijo Teodoro, presentándose—. Aquí estoy, más feo que Picio... Como usted no ha visto aún leones ni perros de Terranova, no tendrá idea de mi belleza... Dicen que me parezco a aquellos nobles animales.

—Todos son buenas personas —dijo Pablo con gran candor—; pero mi prima a todos les lleva inmensa ventaja... ¿Y la Nela? Por Dios, ¿no traen a la Nela?

Dijéronle que su lazarillo no aparecía por la casa ni podían ellos ocuparse en buscarla, lo que le causó profundísima pena. Procuraron calmarle, y como era de temer un acceso de fiebre, le acostaron, incitándole a dormir. Al día siguiente era grande su postración; pero de todo triunfó su naturaleza enérgica. Pidió que le enseñaran un vaso de agua, y, al verlo, dijo:

—Parece que estoy bebiendo el agua, sólo con verla.

Del mismo modo se expresó con respecto a otros objetos, los cuales hacían viva impresión en su fantasía. Golfín, después de tratar de remediar la aberración de esfericidad por medio de lentes, que fue probando uno tras otro, principio a ejercitarle en la distinción y combinación de los colores; pero el vigoroso entendimiento del joven propendía siempre a distinguir la fealdad de la hermosura. Distinguía estas dos ideas en absoluto sin que influyera nada en él ni la idea de utilidad, ni aun la de bondad. Pareciole encantadora una mariposa que, extraviada, entró en su cuarto. Un tintero le parecía horrible, a pesar de que su tío le demostró con ingeniosos argumentos, que servía para poner la tinta de escribir... la tinta de escribir. Entre una estampa del Crucificado y otra de Galatea navegando sobre una concha con escolta de tritones y ninfas, prefirió esta última, lo que hizo mal efecto en Florentina, que se propuso enseñarle a poner las cosas sagradas cien codos por encima de las profanas. Observaba las caras con viva atención y la maravillosa concordancia de los accidentes faciales con el lenguaje le pasmaba en extremo. Viendo a las criadas y a otras mujeres de Aldeacorba, manifestó desagrado, porque eran o feas o insignificantes. La hermosura de su prima convertía en adefesios a las demás mujeres. A pesar de esto, deseaba verlas a todas. Su curiosidad era una fiebre intensa que de ningún modo podía calmarse; y mientras se mostraba desconsolado por no ver a la Nela, rogaba a Florentina que no dejase de acompañarle un momento.

El tercer día le dijo Golfín:

—Ya se ha enterado usted de gran parte de las maravillas del mundo visible. Ahora es preciso que vea su propia persona.

Trajeron un espejo y Pablo se miró en él.

—Ése soy yo... —dijo, con loca admiración—. Trabajo me cuesta el creerlo... ¿Y cómo estoy dentro de esta agua dura y quieta? ¡Qué cosa tan admirable es el vidrio! Parece mentira que los hombres hayan hecho esta atmósfera de piedra... Por vida mía, que no soy feo..., ¿no es verdad, prima? Y tú, cuando te miras aquí, ¿sales tan guapa como eres? No puede ser. Mírate en el cielo transparente, y allí verás tu imagen. Creerás que ves a los ángeles cuando te veas a ti misma.

A solas con Florentina, y cuando ésta le prodigaba a prima noche las atenciones y cuidados que exige un enfermo, Pablo le decía:

—Prima mía, mi padre me ha leído aquel pasaje de nuestra Historia, cuando un hombre llamado Cristóbal Colón descubrió el Mundo Nuevo, jamás visto por hombre alguno de Europa. Aquel navegante abrió los ojos del mundo conocido para que viera otro más hermoso. No puedo figurármelo a él sino como a un Teodoro Golfín, y a la Europa, como a un gran cie-

go para quien la América y sus maravillas fueron la luz. Yo
también he descubierto un Nuevo Mundo. Tú eres mi América;
tú eres aquella primera isla hermosa donde puso su pie el navegante. Faltole ver el continente con sus inmensos bosques y
ríos. A mí también me quedará por ver quizá lo más hermoso.

Después calló en profunda meditación, y, al cabo de ella,
preguntó:

—¿En dónde está la Nela?

—No sé qué la pasa a esa pobre muchacha —dijo Florentina—. No quiere verte, sin duda.

—Es muy vergonzosa y muy modesta —replicó Pablo—.
Teme molestar a los de casa. Florentina, en confianza te diré
que la quiero mucho. Tú la querrás también. Deseo ardientemente ver a esa buena compañera y amiga mía.

—Yo misma iré a buscarla mañana.

—Sí, sí...; pero no estés mucho tiempo fuera. Cuando no te
veo estoy muy solo... Me he acostumbrado a verte, y estos tres
días me parecen siglos de felicidad... No me robes ni un minuto. Decíame anoche mi padre que, después de verte a ti, no
debo tener curiosidad de ver a mujer ninguna.

—¡Qué tontería!... —dijo la señorita, ruborizándose—. Hay
otras mucho más guapas que yo.

—No, no; todos dicen que no —afirmó Pablo con vehemencia; y dirigía su cara vendada hacia la primita como si a
través de tantos obstáculos quisiera verla aún—. Antes me
decían eso, y yo no lo quería creer, pero después que tengo
conciencia del mundo visible y de la belleza real, lo creo, sí, lo
creo. Eres un tipo perfecto de hermosura; no hay más allá, no
puede haberlo... Dame tu mano.

El primo estrechó ardientemente entre sus manos la de la
señorita.

—Ahora me río yo —añadió él— de mi ridícula vanidad de
ciego, de mi necio empeño de apreciar sin vista el aspecto de las
cosas... Creo que toda la vida me durará el asombro que me produjo la realidad... ¡La realidad! El que no la posee es un idiota...
Florentina, yo era un idiota.

—No, primo, siempre fuiste y eres muy discreto. Pero no excites ahora tu imaginación... Pronto será hora de dormir... Don Teodoro ha mandado que no se te dé conversación a esta hora, porque te desvelas... Si no te callas me voy.

—¿Es ya de noche?

—Sí, es de noche.

—Pues sea de noche o de día, yo quiero hablar —afirmó Pablo, inquieto en su lecho, sobre el cual reposaba vestido—. Con una condición me callo, y es que no te vayas del lado mío, y de tiempo en tiempo des una palmada en la cama, para saber yo que estás ahí.

—Bueno, así lo haré, y ahí va la primera fe de vida —dijo Florentina, dando una palmada en la cama.

Cuando te siento reír, parece que respiro un ambiente fresco y perfumado, y todos mis sentidos antiguos se ponen a reproducirme tu persona de distintos modos. El recuerdo de tu imagen subsiste en mí de tal manera que, vendado, te estoy viendo lo mismo.

—¿Vuelve la charla?... Que llamo a don Teodoro —dijo la señorita jovialmente.

—No..., estáte quieta. ¡Si no puedo callar!... Si callara todo lo que pienso, todo lo que siento y lo que veo aquí dentro de mi cerebro me atormentaría más... ¿Y quieres tú que duerma?... ¡Dormir! Si te tengo aquí dentro, Florentina, dándome vueltas en el cerebro y volviéndome loco... Padezco y gozo lo que no se puede decir, porque no hay palabras para expresarlo. Toda la noche la paso hablando contigo y con la Nela... ¡La pobre Nela!, tengo curiosidad de verla, una curiosidad muy grande.

—Yo misma iré a buscarla mañana... Vaya, se acabó la conversación... Calladito..., o me marcho.

—Quédate... Hablaré conmigo mismo... Ahora voy a repetir las cosas que te dije anoche, cuando hablábamos solos los dos..., voy a recordar lo que tú me dijiste...

—¿Yo?

—Es decir, las cosas que yo me figuraba oír de tu boca... Silencio, señorita de Penáguilas..., yo me entiendo solo con mi imaginación.

Al día siguiente, cuando Florentina se presentó delante de su primo, le dijo:

—Traía a Mariquilla y se me escapó. ¡Qué ingratitud!

—¿Y no la has buscado?

—¿Dónde?... ¡Huyó de mí! Esta tarde saldré otra vez y la buscaré hasta que la encuentre.

—No, no salgas dijo Pablo vivamente. Ella aparecerá; ella vendrá sola.

—Parece loca.

—¿Sabe que tengo vista?

—Yo misma se lo he dicho. Pero, sin duda, ha perdido el juicio. Dice que yo soy la Santísima Virgen, y me besa el vestido.

—Es que la produces a ella el mismo efecto que a todos. La Nela es tan buena... ¡Pobre muchacha! Hay que protegerla, Florentina; protegerla, ¿no te parece?

—Es una ingrata —afirmó Florentina con tristeza.

—¡Ah!, no lo creas. La Nela no puede ser ingrata. Es muy buena...; la aprecio mucho... Es preciso que la busquen y me la traigan aquí.

—Yo iré.

—No, no; tú no —dijo, prontamente, Pablo, tomando la mano de su prima—. La obligación de usted, señorita sin juicio, es acompañarme. Si no viene pronto el señor Golfín a levantarme la venda y ponerme los vidrios, yo me la levantaré solo. Desde ayer no te veo y esto no se puede sufrir; no, no se puede sufrir... ¿Ha venido don Teodoro?

—Abajo está con tu padre y el mío. Pronto subirá. Ten paciencia; pareces un chiquillo de escuela.

Pablo se incorporó con desvarío.

—¡Luz, luz!... Es una iniquidad que le tengan a uno tanto tiempo a oscuras. Así no se puede vivir..., yo me muero. Necesito mi pan de cada día, necesito la función de mis ojos... Hoy no te he visto, prima, y estoy loco por verte. Tengo una sed rabiosa de verte. ¡Viva la realidad!... Bendito sea Dios que te crió, mujer hechicera, compendio de todas las bellezas... Pero si después de criar la hermosura, no hubiera criado Dios los corazones, ¡cuán tonta sería su obra!... ¡Luz, luz!

Subió Teodoro y le abrió las puertas de la realidad inundando de gozo su alma. Pasó el día tranquilo, hablando de cosas diversas. Hasta la noche no volvió a fijar la atención en un punto de su vida, que parecía alejarse y disminuir y borrarse, como las naves que en un día sereno se pierden en el horizonte. Como quien recuerda un hecho muy antiguo, dijo:

—¿No ha parecido la Nela?

Díjole Florentina que no, y hablaron de otra cosa. Aquella noche sintió Pablo a deshora ruido de voces en la casa. Creyó oír la voz de Teodoro Golfín, la de Florentina y la de su padre. Después se durmió sosegadamente, siguiendo durante su sueño atormentado por las imágenes de todo lo que había visto y por los fantasmas de lo que él mismo se imaginaba. Su sueño, que principió dulce y tranquilo, fue después agitado y angustioso, porque en el profundo seno de su alma, como en una caverna recién iluminada, luchaban las hermosuras y fealdades del mundo plástico, despertando pasiones, enterrando recuerdos y trastornando su alma toda. Al día siguiente, según promesa de Golfín, le permitirían levantarse y andar por la casa.

21

LOS OJOS MATAN

La habitación destinada a Florentina en Aldeacorba era la más alegre de la casa. Nadie había vivido en ella desde la muerte de la señora de Penáguilas, pero don Francisco, creyendo a su sobrina digna de alojarse allí, arregló la estancia con pulcritud y ciertos primores elegantes que no se conocían en vida de su esposa. Daba el balcón al Mediodía y a la huerta, por lo cual la estancia hallábase diariamente inundada de gratos olores y de luz y alegrada por el armonioso charlar de los pájaros. En los pocos días de su residencia allí, Florentina había dado a la habitación el molde, digámoslo así, de su persona. Diversas cosas y partes de aquélla daban a entender la clase de mujer que allí vivía, así como el nido da a conocer el ave. Si hay personas que de un palacio hacen un infierno, hay otras que para convertir una choza en palacio no tienen más que meterse en ella.

Fue aquel día tempestuoso (y decimos aquel día porque no sabemos qué día era: sólo sabemos que era un día). Había llovido toda la mañana. Después aclaró el cielo, y, por último, sobre la atmósfera húmeda y blanca apareció majestuoso un arco iris. El inmenso arco apoyaba uno de sus pies en los cerros de Ficóbriga, junto al mar, y el otro en el bosque de Saldeoro. Soberanamente hermoso en su sencillez, era tal que a nada puede compararse como no sea a la representación absoluta y esencial de la forma. Es un arco iris como el resumen, o mejor dicho, principio y fin de todo lo visible.

En la habitación estaba Florentina, no ensartando perlas ni bordando rasos con menudos hilos de oro, sino cortando un vestido con patrones hechos de *Imparciales* y otros periódicos. Hallábase en el suelo, en postura semejante a la que toman los chicos revoltosos cuando están jugando, y ora sentada sobre sus pies, ora de rodillas, no daba paz a las tijeras. A su lado había un montón de pedazos de lana, percal, madapolán y otras telas que aquella mañana había hecho traer a toda prisa de Villamojada, y corta por aquí, recorta por allá, Florentina hacía mangas, faldas y cuerpos. No eran un modelo de corte ni había que fiar mucho en la regularidad de los patrones, obra también de la señorita, pero ella, reconociendo los defectos, pensaba que en aquel arte la buena intención salva el resultado. Su excelente padre le había dicho aquella mañana al comenzar la obra:

—Por Dios, Florentinilla, parece que ya no hay modistas en el mundo. No sé qué me da de ver a una señorita de buena sociedad arrastrándose por esos suelos de Dios con tijeras en la mano... Eso no está bien. No me agrada que trabajes para vestirte a ti misma, ¿y me ha de agradar que trabajes para las demás? ¿Para qué sirven las modistas?..., ¿para qué sirven las modistas, eh?

—Esto lo haría cualquier modista mejor que yo —repuso Florentina, riendo—; pero entonces no lo haría yo, señor papá; y precisamente quiero hacerlo yo misma.

Después Florentina se quedó sola; no, no se quedó sola, porque en el testero principal de la alcoba, entre la cama y el ropero, había un sofá de forma antigua y sobre el sofá dos mantas, una sobre otra. En uno de los extremos asomaba entre almohadas una cabeza reclinada con abandono. Era un semblante desencajado y anémico. Dormía. Su sueño era un letargo inquieto que a cada instante se interrumpía con violentas sacudidas y terrores. No obstante, parecía estar más sosegada cuando al mediodía volvió a entrar en la pieza el padre de Florentina, acompañado de Teodoro Golfín. Este se dirigió al sofá, y aproximando su cara, observó la de la Nela.

—Parece que su sueño es ahora menos agitado —dijo—. No hagamos ruido.

—¿Qué le parece a usted mi hija? —dijo don Manuel riendo—. ¿No ve usted las tareas que se da?... Sea usted imparcial, señor don Teodoro: ¿no tengo motivos para incomodarme?

Francamente, cuando no hay necesidad de tomarse una molestia, ¿por qué se ha de tomar? Muy enhorabuena que mi hija dé al prójimo todo lo que yo le señalo para que lo gaste en alfileres, pero esto, esta manía de ocuparse ella misma en bajos menesteres..., en bajos menesteres...

—Déjela usted —replicó Golfín, contemplando a la señorita de Penáguilas con cierto arrobamiento—. Cada uno, señor don Manuel, tiene su modo especial de gastar alfileres.

—No me opongo yo a que en sus caridades llegue hasta el despilfarro, hasta la bancarrota —dijo don Manuel, paseándose pomposamente por la habitación, con las manos en los bolsillos—. ¿Pero no hay otro medio mejor de hacer caridad? Ella ha querido dar gracias a Dios por la curación de mi sobrino...; muy bueno es esto, muy evangélico...: pero veamos..., pero veamos...

Detúvose ante la Nela para honrarla con sus miradas.

—¿No habría sido más razonable —añadió— que en vez de meter en nuestra casa a esta pobre muchacha hubiera organizado mi hijita una de esas solemnidades que se estilan en la corte, en las cuales sabe mostrar sus buenos sentimientos lo mas selecto de la sociedad?... ¿Por qué no se te ocurrió celebrar una rifa? Entre los amigos hubiéramos colocado todos los billetes, reuniendo una buena suma, que podrías destinar a los asilos de beneficencia. Podías haber formado una sociedad con todo el señorío de Villamojada y su término, o con el señorío de Santa Irene de Campó, y celebrar juntas y reunir mucho dinero... ¿Qué tal? También pudiste idear una función de aficionados, o una corrida de toretes. Yo me hubiera encargado de lo tocante al ganado y lidiadores... ¡Oh! Anoche hemos estado hablando acerca de esto doña Sofía y yo... Aprende, aprende de esa señora. A ella deben los pobres qué sé yo cuántas cosas. ¿Pues y las muchas familias que viven de la administración de las rifas? ¿Pues y lo que ganan los cómicos con estas funciones? ¡Oh!, los que están en el Hospicio no son los únicos pobres. Me dijo Sofía que en los bailes de máscaras de este invierno sacaron un dineral. Verdad que una gran parte fue para la empresa del gas, para el alquiler del teatro y los empleados... pero a los pobres

les llegó su pedazo de pan... O si no, hija mía, lee la estadística..., o si no, hija mía, lee la estadística.

Florentina se reía, y no hallando mejor contestación que
repetir una frase de Teodoro Golfín, dijo a su padre:

—Cada uno tiene su modo de gastar alfileres.

—Señor don Teodoro —indicó con desabrimiento don
Manuel—, convenga usted en que no hay otra como mi hija.

—Sí, en efecto —manifestó el doctor con intención profunda, contemplando a la joven—; no hay otra como Florentina.

—Con todos sus defectos —dijo el padre acariciando a la
señorita—, la quiero más que a mi vida. Esta pícara vale más
oro que pesa... vamos a ver, ¿qué te gusta más: Aldeacorba de
Suso o Santa Irene de Campó?

—No me disgusta Aldeacorba.

—¡Ah, picarona!..., ya veo el rumbo que tomas... Bien, me
parece bien... ¿Saben ustedes que a estas horas mi hermano le
está echando un sermón a su hijo? Cosas de familia: de esto ha
de salir algo bueno. Mire usted don Teodoro, cómo se pone mi
hija: ya tiene en su cara todas las rosas de abril. Voy a ver lo
que dice mi hermano..., a ver lo que dice mi hermano.

Retirose el buen hombre. Teodoro se acercó a la Nela para
observarla de nuevo.

—¿Ha dormido anoche? —preguntó a Florentina.

—Poco. Toda la noche la oí suspirar y llorar. Esta noche tendrá una buena cama, que he mandado traer de Villamojada. La
pondré en este cuartito que está junto al mío.

—¡Pobre Nela! —exclamó el médico—. No puede usted
figurarse el interés que siento por esta infeliz criatura. Alguien
se reirá de esto, pero no somos de piedra. Lo que hagamos para
enaltecer a este pobre ser y mejorar su condición, entiéndase
hecho en pro de una parte no pequeña del género humano.
Como la Nela hay muchos miles de seres en el mundo. ¿Quién
los conoce? ¿Dónde están? Se pierden en los desiertos sociales..., que también hay desiertos sociales, en lo más oscuro de
las poblaciones, en lo más solitario de los campos, en las
minas, en los talleres. A menudo pasamos juntos a ellos y no les
vemos... Les damos limosna sin conocerles... No podemos fijar

nuestra atención en esa miserable parte de la sociedad. Al principio creí que la Nela era un caso excepcional, pero no, he meditado, he recordado, y he visto en ella un caso de los más comunes. Es un ejemplo del estado a que vienen los seres moralmente organizados para el bien, para el saber, para la virtud, y que por su abandono y apartamiento no pueden desarrollar las fuerzas de su alma. Viven ciegos del espíritu, como Pablo Penáguilas ha vivido ciego del cuerpo teniendo vista.

Florentina, vivamente impresionada, parecía comprender muy bien las observaciones de Golfín.

—Aquí la tiene usted —añadió éste—. Posee una fantasía preciosa, sensibilidad viva; sabe amar con ternura y pasión; tiene su alma aptitud maravillosa para todo aquello que del alma depende; pero al mismo tiempo está llena de supersticiones groseras; sus ideas religiosas son vagas, monstruosas, equivocadas; sus ideas morales no tienen más guía que el sentido natural. No posee más educación que la que ella misma se ha dado, como planta que se fecunda con sus propias hojas secas. Nada debe a los demás. Durante su niñez no ha oído ni una lección, ni un amoroso consejo, ni una santa homilía. Se guía por ejemplos que aplica a su antojo. Su criterio es suyo, propiamente suyo. Como tiene imaginación y sensibilidad, como su alma se ha inclinado desde el principio a adorar algo, adora a la Naturaleza lo mismo que los pueblos primitivos. Sus ideales son naturalistas, y si usted no me entiende bien, querida Florentina, se lo explicaré mejor en otra ocasión. Su espíritu da a la forma, a la belleza, una preferencia sistemática. Todo su ser, sus afectos todos giran en derredor de esta idea. Las preeminencias y las altas dotes del espíritu son para ella una región confusa, una tierra apenas descubierta, de la cual no se tiene sino noticias vagas por algún viajero náufrago. La gran conquista evangélica, que es una de las más gloriosas que ha hecho nuestro espíritu, apenas llega a sus oídos como rumor..., es como una sospecha semejante a la que los pueblos asiáticos tienen del saber europeo, y si no me entiende usted bien, querida Florentina, más adelante se lo explicaré mejor... Pero ella está hecha para realizar en poco tiempo grandes progresos y ponerse al nivel de nosotros.

Alúmbresele un poco, y recorrerá con paso gigantesco los siglos...; está muy atrasada, ve poco; pero teniendo luz, andará. Esa luz no se la ha dado nadie hasta ahora, porque Pablo Penáguilas, por su ignorancia de la realidad visible, contribuía sin quererlo a aumentar sus errores. Ese idealista exagerado y loco no es el mejor maestro para un espíritu de esta clase. Nosotros enseñaremos la verdad a esta pobre criatura, resucitado ejemplar de otros siglos; le haremos conocer las dotes del alma; la traeremos a nuestro siglo; daremos a su espíritu una fuerza que no tiene; sustituiremos su naturalismo y sus rudas supersticiones con una noble conciencia cristiana Aquí tenemos un campo admirable, una naturaleza primitiva, en la cual ensayaremos la enseñanza de los siglos; haremos rodar el tiempo sobre ella con las múltiples verdades descubiertas; crearemos un nuevo ser porque esto, querida Florentina (no lo interprete usted mal), es lo mismo que crear un nuevo ser, y si usted no lo entiende, en otra ocasión se lo explicaré mejor.

Florentina, a pesar de no ser sabionda, algo creyó entender de lo que en su original estilo había dicho Golfín. También ella expresaría más de una observación sobre aquel tema; pero en el mismo instante despertó la Nela. Sus ojos se revolvieron temerosos observando toda la estancia; después se fijaron alternativamente en las dos personas que la contemplaban.

—¿Nos tienes miedo? —le dijo Florentina dulcemente.

—No, señora; miedo, no —balbuceó la Nela—. Usted es muy buena. El señor don Teodoro también.

—¿No estás contenta aquí? ¿Qué temes?

Golfín le tomó la mano.

—Háblanos con franqueza —le dijo—: ¿a cuál de los dos quieres más, a Florentina o a mí?

La Nela no contestó. Florentina y Golfín sonreían pero ella guardaba una seriedad taciturna.

—Oye una cosa, tontuela, —prosiguió el médico—. Ahora has de vivir con uno de nosotros. Florentina se queda aquí; yo me marcho. Decídete por uno de los dos. ¿A cuál escoges?

Marianela dirigió sus miradas de uno a otro semblante, sin dar contestación categórica. Por último, se detuvieron en el rostro de Golfín.

—Se me figura que soy yo el preferido... Es una injusticia, Nela; Florentina se enojará.

La pobre enferma sonrió entonces, y extendiendo una de su débiles manos hacia la señorita de Penáguilas, murmuró:

—No quiero que se enoje.

Al decir esto, María se quedó lívida; alargó su cuello, sus ojos se desencajaron. Su oído prestaba atención a un rumor terrible. Había sentido pasos.

—¡Viene! —exclamó Golfín, participando del terror de su enferma.

—Es él dijo Florentina, apartándose del sofá y corriendo hacia la puerta.

Era él. Pablo había empujado la puerta y entraba despacio, marchando en dirección recta, por la costumbre adquirida durante su larga ceguera. Venía riendo, y sus ojos, libres de la venda que él mismo se había levantado, miraban hacia adelante. No habiéndose familiarizado aún con los movimientos de rotación del ojo, apenas percibía las imágenes laterales. Podría decirse de él, como de muchos que nunca fueron ciegos de los ojos, que sólo veía lo que tenía delante.

—Primita —dijo, avanzando hacia ella—, ¿cómo no has ido a verme hoy? Yo vengo a buscarte. Tu papá me ha dicho que estás haciendo trajes para los pobres. Por eso te perdono.

Florentina, contrariada, no supo qué contestar. Pablo no había visto al doctor ni a la Nela. Florentina, para alejarle del sofá, se dirigió hacia el balcón, y recogiendo algunos trozos de tela, sentose en ademán de ponerse a trabajar. Bañábala la risueña luz del sol, coloreando espléndidamente su costado izquierdo y dando a su hermosa tez moreno-rosa un tono encantador. Brillaba entonces su belleza como personificación hechicera de la misma luz. Su cabello en desorden, su vestido suelto, llevaban al último grado le elegancia natural de la gentil doncella, cuya actitud, casta y noble, superaba a las más perfectas concepciones del arte.

—Primito —dijo, contrayendo ligeramente el hermoso entrecejo—, don Teodoro no te ha dado todavía permiso para quitarte hoy la venda. Eso no está bien.

—Me lo dará después —replicó el mancebo, riendo—. No puede sucederme nada. Me encuentro bien. Y si algo me sucede, no me importa. No, no me importa quedarme ciego otra vez después de haberte visto.

—¡Qué bueno estaría eso!... —dijo Florentina en tono de reprensión.

—Estaba en mi cuarto solo; mi padre había salido después de hablarme de ti... Tú ya sabes lo que me ha dicho...

—No, no sé nada —replicó la joven, fijando sus ojos en la costura.

—Pues yo sí lo sé... Mi padre es muy razonable. Nos quiere mucho a los dos... Cuando salió, levanteme la venda y miré al campo... Vi el arco iris y me quedé asombrado, mudo de admiración y de fervor religioso... No sé por qué, aquel sublime espectáculo, para mí desconocido hasta hoy, me dio la idea más clara de la armonía del mundo... No sé por qué, al mirar la perfecta unión de sus colores, pensaba en ti... No sé por qué viendo el arco iris, dije: «Yo he sentido antes esto en alguna parte...» Me produjo sensación igual a la que sentí al verte, Florentina de mi alma. El corazón no me cabía en el pecho: yo quería llorar..., lloré, y las lágrimas cegaron por un instante mis ojos. Te llamé, no me respondiste... Cuando mis ojos pudieron ver de nuevo el arco iris había desaparecido... Salí para buscarte creí que estabas en la huerta... Bajé, subí, y aquí estoy... Te encuentro tan maravillosamente hermosa, que me parece que nunca te he visto bien hasta hoy..., nunca hasta hoy, porque ya he tenido tiempo de comparar... He visto muchas mujeres...; todas son horribles junto a ti... ¡Si me cuesta trabajo creer que hayas existido durante mi ceguera...! No, no; lo que me ocurre es que naciste en el momento en que se hizo la luz dentro de mí; que te creó mi pensamiento en el instante de ser dueño del mundo visible... Me han dicho que no hay ninguna criatura que a ti se compare. Yo no lo quería creer; pero ya lo creo, lo creo como creo en la luz.

Diciendo esto puso una rodilla en tierra. Alarmada y ruboriza-
da, Florentina dejó de prestar atención a la costura, murmurando:

—¡Primo..., por Dios!...

—¡Prima..., por Dios! —exclamó Pablo con entusiasmo
candoroso—, ¿por qué eres tú tan bonita?... Mi padre es muy
razonable..., nada puede oponerse a su lógica ni a su bondad...
Florentina, yo creí que no podía quererte; creí posible querer a
otra más que a ti... ¡Qué necedad! Gracias a Dios que hay lógica en mis afectos... Mi padre, a quien he confesado mis errores,
me ha dicho que yo amaba a un monstruo... Ahora puedo decir
que idolatro a un ángel. El estúpido ciego ha visto ya, y al fin
presta homenaje a la verdadera hermosura... Pero yo tiemblo...,
¿no me ves temblar? Te estoy viendo, y no deseo más que
poder cogerte y encerrarte dentro de mi corazón, abrazándote y
apretándote contra mi pecho..., fuerte, muy fuerte.

Pablo, que había puesto las dos rodillas en tierra, se abraza-
ba a sí mismo.

—Yo no sé lo que siento —añadió con turbación, torpe la
lengua, pálido el rostro—. Cada día descubro un nuevo mundo,
Florentina. Descubrí el de la luz, descubro hoy otro. ¿Es posible que tú, tan hermosa, tan divina, seas para mí? ¡Prima, prima mía, esposa de mi alma!

Creyérase que iba a caer al suelo desvanecido. Florentina
hizo ademán de levantarse. Pablo le tomó una mano, después,
retirando él mismo la ancha manga que lo cubría, besole el brazo con vehemente ardor, contando los besos.

—Uno, dos, tres, cuatro... ¡Yo me muero!...

—Quita, quita —dijo Florentina poniéndose en pie y haciendo levantar tras ella a su primo—. Señor doctor, ríñale usted.

Teodoro gritó:

—¡Pronto!... ¡Esa venda en los ojos y a su cuarto, joven!

Confuso, volvió Pablo su rostro hacia aquel lado. Tomando
la visual recta vio al doctor junto al sofá de paja, cubierto de
mantas.

—¿Está usted ahí, señor Golfín? —dijo, acercándose en
línea recta.

—Aquí estoy —repuso Teodoro seriamente—. Creo que debe usted ponerse la venda y retirarse a su habitación. Yo le acompañaré.

—Me encuentro perfectamente... Sin embargo, obedeceré... Pero antes déjenme ver esto.

Observaba las mantas, y entre ellas un rostro cadavérico, de aspecto muy desagradable. En efecto; parecía que la nariz de la Nela se había hecho más picuda, sus ojos más chicos, su boca más insignificante, su tez más pecosa, sus cabellos más ralos, su frente más angosta. Con los ojos cerrados, el aliento fatigoso, entreabiertos los cárdenos labios, hallábase al parecer la infeliz en la postrera agonía, síntoma inevitable de la muerte.

—¡Ah! —dijo Pablo—, supe por mi tío que Florentina había recogido a una pobre... ¡Qué admirable bondad!... Y tú, infeliz muchacha, alégrate, has caído en manos de un ángel... ¿Estás enferma? En mi casa no te faltará nada... Mi prima es la imagen más hermosa de Dios... Esta pobrecita está muy mala, ¿no es verdad, doctor?

—Sí —dijo Golfín—, le conviene la soledad... y el silencio.

—Pues me voy.

Pablo alargó una mano hasta tocar aquella cabeza, en la cual veía la expresión más triste de la miseria y de la desgracia humanas. Entonces la Nela movió los ojos y los fijó en su amo. Creyose Pablo mirado desde el fondo de un sepulcro; tanta era la tristeza y el dolor que en aquella mirada había. Después la Nela sacó de entre las mantas una mano flaca, morena y áspera, y tomó la mano del señorito de Penáguilas, quien, al sentir su contacto, se estremeció de pies a cabeza y lanzó un grito en que toda su alma gritaba.

Hubo una pausa angustiosa, una de esas pausas que preceden a las catástrofes, como para hacerlas más solemnes. Con voz temblorosa, que en todos produjo trágica emoción, la Nela dijo:

—Sí, señorito mío, yo soy la Nela.

Lentamente, y como si moviera un objeto de gran pesadumbre, llevó a sus secos labios la mano del señorito y le dio un beso..., después un segundo beso, y al dar el tercero, sus labios resbalaron inertes sobre la piel de la mano.

Después callaron todos. Callaban mirándola. El primero que rompió la palabra fue Pablo, que dijo.

—¡Eres tú..., eres tú!...

Pasaron por su mente ideas mil; mas no pudo expresar ninguna. Era preciso para ello que hubiera descubierto un nuevo lenguaje, así como había descubierto dos nuevos mundos: el de la luz y el del amor por la forma. No hacía más que mirar, mirar y hacer memoria de aquel tenebroso mundo en que había vivido, allá donde quedaban perdidos entre la bruma sus pasiones, sus ideas y sus errores de ciego. Florentina se acercó derramando lágrimas para examinar el rostro de la Nela, y Golfín, que la observaba como hombre y como sabio, pronunció estas lúgubres palabras:

—¡La mató! ¡Maldita vista suya!

Y después, mirando a Pablo con severidad, le dijo:

—Retírese usted.

Morir..., morirse así, sin causa alguna... Esto no puede ser —exclamó Florentina con angustia poniendo la mano sobre la frente de la Nela—. ¡María!... ¡Marianela!

La llamó repetidas veces, inclinada sobre ella, mirándola como se mira y como se llama, desde los bordes de un pozo, a la persona que se ha caído en él y se sumerge en las hondísimas y negras aguas.

—No responde —dijo Pablo con terror.

Golfín tentaba aquella vida próxima a extinguirse, y observó que bajo su tacto aún latía la sangre. Pablo se inclinó sobre ella, y acercando sus labios al oído de la moribunda, gritó:

—¡Nela, Nela, amiga querida!

Agitose la mujercita, abrió los ojos, movió las manos. Parecía volver desde muy lejos. Viendo que las miradas de Pablo se clavaban en ella con observadora curiosidad, hizo un movimiento de vergüenza y terror, y quiso ocultar su pobre rostro como se oculta un crimen.

—¿Qué es lo que tiene? —dijo Florentina con ardor—. Don Teodoro, no es usted hombre si no la salva... Si no la salva, es usted un charlatán.

La insigne joven parecía colérica en fuerza de ser caritativa.

—¡Nela! —repitió Pablo, traspasado de dolor y no repuesto del asombro que le había producido la vista de su lazarillo—. Parece que me tienes miedo. ¿Qué te he hecho yo?

La enferma alargó entonces sus manos, tomó la de Florentina y la puso sobre su pecho; tomó después la de Pablo y la puso también sobre su pecho. Después las apretó allí desarrollando un poco de fuerza. Sus ojos hundidos les miraban; pero su mirada era lejana, venía de allá abajo, de algún hoyo profundo y oscuro. Hay que decir, como antes, que miraba desde el lóbrego hueco de un pozo que a cada instante era más hondo. Su respiración fue de pronto muy fatigosa. Suspiró oprimiendo sobre su pecho con más fuerza las manos de los dos jóvenes. Teodoro puso en movimiento toda la casa, llamó y gritó: hizo traer medicinas, poderosos revulsivos, y trató de suspender el rápido descenso de aquella vida.

—Difícil es —decía— detener una gota de agua que resbala, que resbala, ¡ay!, por la pendiente abajo y está ya a dos pulgadas del Océano; pero lo intentaré.

Mandó retirar a todo el mundo. Sólo Florentina quedó en la estancia. ¡Ah!, los revulsivos potentes, los excitantes nerviosos, mordiendo el cuerpo desfallecido para irritar la vida, hicieron estremecer los músculos de la infeliz enferma; pero a pesar de esto, se hundía más a cada instante.

—Es una crueldad —dijo Teodoro con desesperación, arrojando la mostaza y los excitantes—, es una crueldad lo que hacemos. Echamos perros al moribundo para que el dolor de las mordidas le haga vivir un poco más. Afuera todo eso.

—¿No hay remedio?

—El que mande Dios.

—¿Qué mal es éste?

—La muerte —vociferó con inquietud delirante, impropia de un médico.

—¿Pero qué mal le ha traído la muerte?

—La muerte.

—No me explico bien. Quiero decir que de qué...

—¡De muerte! No sé si pensar que muere de vergüenza, de celos, de despecho, de tristeza, de amor contrariado. ¡Singular patología! No, no sabemos nada... sólo sabemos cosas triviales.

—¡Oh!, ¡qué médicos!

—No sabemos nada. Conocemos algo de la superficie.

—¿Esto qué es?

—Parece una meningitis fulminante.

—¿Y qué es eso?

—Cualquier cosa... ¡La muerte!

—¿Es posible que se muera una persona sin causa conocida, casi sin enfermedad?... Señor Golfín, ¿qué es esto?

—¿Lo sé yo acaso?

—¿No es usted médico?

—De los ojos, no de las pasiones.

—¡De las pasiones! —exclamó, hablando con la moribunda—. Y a ti, pobre criatura, ¿qué pasiones te matan?

—Pregúnteselo usted a su futuro esposo.

Florentina se quedó absorta, estupefacta.

—¡Infeliz! —exclamó con ahogado sollozo—. ¿Puede el dolor del alma matar de esta manera?

—Cuando yo la recogí en la Trascava, estaba ya consumida por una fiebre espantosa.

—Pero eso no basta, ¡ay!, no basta.

—Usted dice que no basta. Dios, la Naturaleza, dicen que sí.

—Si parece que ha recibido una puñalada.

—Recuerde usted lo que han visto hace poco estos ojos que se van a cerrar para siempre; considere que la amaba un ciego, y que ese ciego ya no lo es, y la ha visto... ¡La ha visto!... ¡La ha visto!, lo cual es como un asesinato.

—¡Oh!, ¡qué horroroso misterio!

—No, misterio, no —gritó Teodoro con cierto espanto—; es el horrendo desplome de las ilusiones, es el brusco golpe de la realidad, de esa niveladora implacable que se ha interpuesto, al fin, entre esos dos nobles seres. ¡Yo he traído esa realidad, yo!

—¡Oh!, ¡qué misterio! —repitió Florentina, que por el estado de su ánimo no comprendía bien.

—Misterio, no; no —volvió a decir Teodoro más agitado a cada instante—; es la realidad pura, la desaparición súbita de un mundo de ilusiones. La realidad ha sido para él nueva vida; para ella ha sido dolor y asfixia, la humillación, la tristeza, el desaire, el dolor, los celos..., ¡la muerte!

—Y todo por...

—¡Todo por unos ojos que se abren a la luz..., a la realidad!... No puedo apartar esta palabra de mi mente. Parece que la tengo escrita en mi cerebro con letras de fuego.

—Todo por unos ojos... ¿Pero el dolor puede matar tan pronto?..., ¡casi sin dar tiempo a ensayar un remedio!

—No sé —replicó Teodoro inquieto, confundido, aterrado, contemplando aquel libro humano de caracteres oscuros, en los cuales la vista científica no podía descifrar la leyenda misteriosa de la muerte y la vida.

—¡No sabe! —dijo Florentina con desesperación—. Entonces, ¿para qué es médico?

—No sé, no sé, no sé —exclamó Teodoro, golpeándose el cráneo melenudo con su zarpa de león—. Sí, una cosa sé, y es que no sabemos más que fenómenos superficiales. Señora, yo soy un carpintero de los ojos, y nada más.

Después fijó los suyos con atención profunda en aquello que fluctuaba entre persona y cadáver, y con acento de amargura exclamó:

—¡Alma!, ¿qué pasa en ti?

Florentina se echó a llorar.

—¡El alma —murmuró, inclinando su cabeza sobre el pecho—, ya ha volado!

—No —dijo don Teodoro, tocando a la Nela—. Aún hay aquí algo; pero es tan poco... Podríamos creer que ha desaparecido ya su alma y han quedado sus suspiros.

¡Dios mío!... —exclamó la de Penáguilas, empezando una oración.

—¡Oh!, ¡desgraciado espíritu! —dijo Golfín—. Es evidente que está muy mal alojado...

Los dos la observaron muy de cerca.

—Sus labios se mueven —gritó Florentina.

—Habla.

Sí, los labios de la Nela se movieron. Había articulado una, dos, tres palabras.

—¿Qué ha dicho?

—¿Qué ha dicho?

Ninguno de los dos pudo comprenderlo. Era, sin duda, el idioma con que se entienden los que viven la vida infinita. Después sus labios no se movieron más. Estaban entreabiertos y se veía la fila de blancos dientecillos. Teodoro se inclinó, y besando la frente de la Nela, dijo así, con firme acento:

—Mujer, has hecho bien en dejar este mundo.

Florentina se echó a llorar, murmurando con voz ahogada y temblorosa.

—Yo quería hacerla feliz, y ella no quiso serlo.

22

¡ADIÓS!

¡Cosa rara, inaudita! La Nela, que nunca había tenido cama, ni ropa, ni zapatos, ni sustento, ni consideración, ni familia, ni nada propio, ni siquiera nombre, tuvo un magnífico sepulcro, que causó no pocas envidias entre los vivos de Socartes. Esta magnificencia póstuma fue la más grande ironía que se ha visto en aquellas tierras calaminíferas. La señorita Florentina, consecuente con sus sentimientos generosos, quiso atenuar la pena de no haber podido socorrer en vida a la Nela, con la satisfacción de honrar sus pobres despojos después de la muerte. Algún positivista empedernido criticola por esto; pero no faltó quien viera en tan desusado hecho una prueba más de la delicadeza de su alma.

Cuando la enterraron, los curiosos que fueron a verla —¡esto sí que es inaudito y raro!— la encontraron casi bonita; al menos así lo decían. Fue la única vez que recibió adulaciones. Los funerales se celebraron con pompa, y los clérigos de Villamojada abrieron tamaña boca al ver que se les daba dinero por echar responsos a la hija de la Canela. Era estupendo, fenomenal, que un ser cuya importancia social había sido casi semejante a la de los insectos, fuera causa de encender muchas luces, de tender paños y de poner roncos a sochantres y sacristanes. Esto, a fuerza de ser extraño, rayaba en lo chistoso. No se habló de otra cosa en seis meses.

La sorpresa y..., dígase de una vez, la indignación de aquellas buenas muchedumbres llegaron a su colmo cuando vieron que por el camino adelante venían dos carros cargados con enormes piezas de piedra blanca y fina. ¡Ah!, en el entendimiento de la Señana se producía una espantosa confusión de ideas, un verdadero cataclismo intelectual, un caos, al considerar que aquellas piedras blancas y finas eran el sepulcro de la Nela. Si ante la Señana volara un buey o discurriera su marido ya no le llamaría la atención.

Fueron revueltos los libros parroquiales de Villamojada, porque era preciso que después de muerta tuviera un nombre la que se había pasado sin él la vida, como lo prueba esta misma historia, donde se la nombra de distintos modos. Hallado aquel requisito indispensable para figurar en los archivos de la muerte, la magnífica piedra sepulcral ostentaba orgullosa, en medio de las rústicas cruces del cementerio de Aldeacorba, estos renglones:

R. I. P.

MARÍA MANUELA TÉLLEZ

RECLAMOLA EL CIELO

EN 12 DE OCTUBRE DE 186...

Guirnalda de flores primorosamente tallada en mármol coronaba la inscripción. Algunos meses después, cuando ya Florentina y Pablo Penáguilas se habían casado, y cuando (dígase la verdad, porque la verdad es antes que todo)..., cuando nadie en Aldeacorba de Suso se acordaba ya de la Nela, fueron viajando por aquellos países unos extranjeros de esos que se llaman *turistas,* y luego que vieron el sarcófago de mármol erigido en el cementerio por la piedad religiosa y el afecto sublime de una ejemplar mujer, se quedaron embobados de admiración, y sin más averiguaciones escribieron en su cartera estos apuntes, que con el título de *Sketches from Cantabria* publicó más tarde un periódico inglés:

«Lo que más sorprende en Aldeacorba es el espléndido sepulcro que guarda las cenizas de una ilustre joven, célebre en aquel país por su hermosura. *Doña Mariquita Manuela Téllez* perteneció a una de las familias más nobles y acaudaladas de Cantabria: la familia de Téllez Girón y de Trastamara. De un carácter *espiritual, poético* y algo caprichoso, tuvo el antojo *(take a fancy)* de andar por los caminos tocando la guitarra y cantando odas de Calderón, y se vestía de andrajos para confundirse con la turba de mendigos, buscones, trovadores, toreros, frailes, hidalgos, gitanos y *muleteros,* que en las *kermesas* forman esa abigarrada plebe española que subsiste y subsistirá siempre, independiente y pintoresca, a pesar de los *rails* y de los periódicos que han empezado a introducirse en la Península Occidental. El *abad* de Villamojada lloraba hablándonos de los caprichos, de las virtudes y de la belleza de la aristocrática ricahembra, la cual sabía presentarse en los saraos, fiestas y *cañas* de Madrid con el porte *(deportment)* más aristocrático. Es incalculable el número de bellos *romanceros* sonetos y madrigales compuestos en honor de esta gentil doncella por todos los poetas españoles.»

Bastaba leer esto para comprender que los dignos *reporters* habían visto visiones. Averiguada la verdad, de ella resultó este libro.

Despidámonos para siempre de esta tumba, de la cual se ha hablado en *El Times.* Volvamos los ojos hacia otro lado; busquemos a otro ser, rebusquémosle, porque es tan chico que apenas se ve; es un insecto imperceptible, más pequeño sobre la faz del mundo que el *philloxera* en la breve extensión de la viña. Al fin le vemos; allí está, pequeño, mezquino, atomístico. Pero tiene alientos y logrará ser grande. Oíd su historia, que no carece de interés.

Pues señor...

Pero no, este libro no le corresponde. Acoged bien el de Marianela, y a su debido tiempo se os dará el de Celipín.

ÍNDICE